MP3 무료다운
www.donginrang.co.kr

Digis

일러두기

1. 본 책에서는 초보자들의 학습을 위해 한글발음을 표기하였다.

최대한 원음에 가깝게 표기하였으나 정확히 표현하는 데는 한계가 있으며, 외래어의 경우 표기된 한글발음과 실제 발음이 다르다고 느낄 수 있다. 그러니 실제 태국인이 녹음한 MP3를 들으며 연습하도록 하자.

2. 본 책에서는 태국의 수도 방콕을 중심으로 한 중부 언어를 중심으로 한다.

3. 본 책 〈태국어 문자와 발음〉 에 주요 발음의 예외를 일러두었으며,

그 외의 발음 예외는 그때그때 페이지에 설명을 추가하여 이해를 돕도록 하였다.

4. 태국어를 발음할 때 성조와 장단음에 유의하여 발음하도록 하자.

태국어는 성조와 장단음에 따라 그 뜻이 달라지는 언어이므로 항상 유의하여야 한다.
MP3를 잘 활용하여 발음을 학습하도록 하자.

태국은 동남아시아 중심에 위치한 나라로, 한국과 예로부터 현재까지 정치, 경제, 문화 등에서 교류 관계에 있습니다. 또, 태국은 6.25 전쟁에 참여한 국가 중 하나입니다.
요즘 태국에서는 한류 열풍으로 인해 한국어와 한국 문화에 대한 관심이 크게 늘고 있고, 이는 한국도 마찬가지인 것 같습니다. 많은 분들이 태국 여행을 통해서 또는 태국에 대한 호기심으로 태국이라는 나라와 태국어에 대해 관심을 가지고 자세히 알고 싶어 하는 것을 보았습니다.
그러나 눈에 익지 않은 태국어 문자를 보고 지레 겁을 먹고 태국어를 배우고자 했던 마음을 포기하고자 하시는 분들이 간혹 있는 것 같습니다.
본교재 열공! 태국어 첫걸음은 저자가 태국어를 공부한 경험을 토대로 기본 발음부터 실생활에 사용되는 기초 태국어 회화를 보다 쉽고 보다 재미있게 배울 수 있도록 만들었습니다.
또한 본 교재를 통해 태국 문화에 흥미를 가질 수 있는 기회가 되었으면 하는 바램입니다.

1. 현재 태국에서 사용하는 실생활 표현을 중심으로 태국어 회화를 배우도록 구성한 책입니다.
한국인이 태국에 가거나 태국인을 만나게 될 때 생길 수 있는 상황에 따라 그와 관련된 생생한 표현과 예문을 실으려 노력하였습니다. 태국에서 많이 쓰이는 표현이나 기본 표현을 중심으로 이 책을 구성하려 노력하였습니다.

2. 회화에 꼭 필요한 핵심적인 문법만을 골라 일러스트로 재미있게 설명하였습니다.

3. 한국어 발음표기를 해놓아 쉽게 태국어 발음에 친숙해질 수 있도록 하였습니다.
책의 한국어 발음표기와 태국 현지인이 녹음한 MP3를 함께 활용하여 연습한다면 태국어 발음을 쉽게 배울 수 있을 것입니다.

4. 태국어가 한결 쉽고 재미있어 질 수 있도록 태국의 문화를 일러스트와 사진으로 소개하였습니다.

5. 책 뒷부분에 태국어 단어장을 실어 학습 시 필요할 때마다 기본 단어를 찾아 공부할 수 있도록 하였습니다.

본 교재를 통하여 태국어 회화를 보다 쉽고 재미있게 배울 수 있기를 희망합니다. 끝으로, 감수를 해주신 Tatpon Sripitukkieat과 녹음을 해주신 Narisara Traiboot, Sematong Terdkead, 그리고 원고 집필 과정에서 내용과 관련하여 궁금하거나 추가할 점이 있을 때마다 도움을 준 친구들에게 감사 드립니다.

이 책의 구성과 활용

오늘날의 태국어

언어를 시작할 때 그 언어에 대한 기초 지식을 알고 시작하는 것은 그 언어를 이해하는데 밑거름이 된다. 태국어의 어원과 특징을 재미있는 일러스트와 함께 알아보도록 하자!

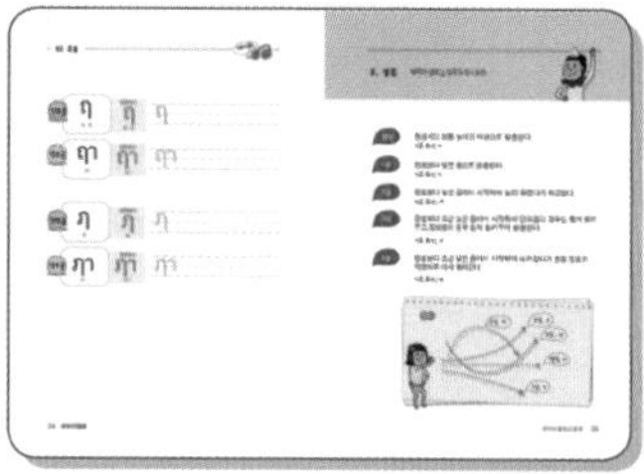

태국어 문자와 발음

재미있기도 하고 신기하게도 생긴 태국어의 기본 문자와 발음을 익히는 코너이다.
자음, 모음, 그리고 성조를 MP3를 들으면서 따라 해보고 써보기도 하면서 처음부터 제대로 익혀보자!

기본회화

왕초보가 쉽게 태국어에 친해질 수 있도록 가장 기본적인 회화문을 구성하였다.
본문 시작 전, 태국어의 기본회화문을 익혀두면 실제 회화에서 다양하고 쉽게 활용할 수 있다.

합본 부록

일러스트로 배우는
태국어 단어장

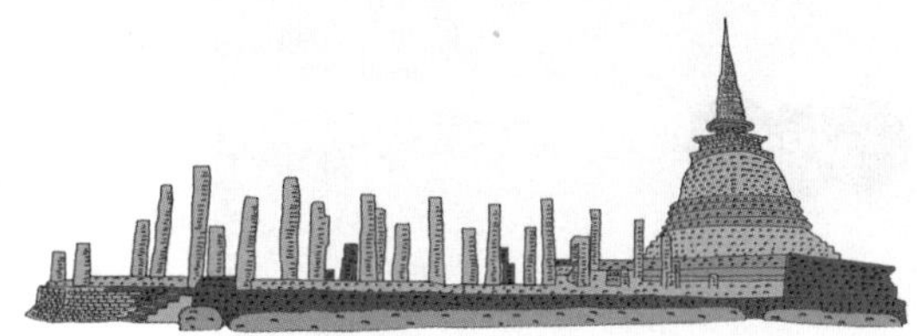

본문

지금 태국에서 사용하는 아주 쉬운 회화

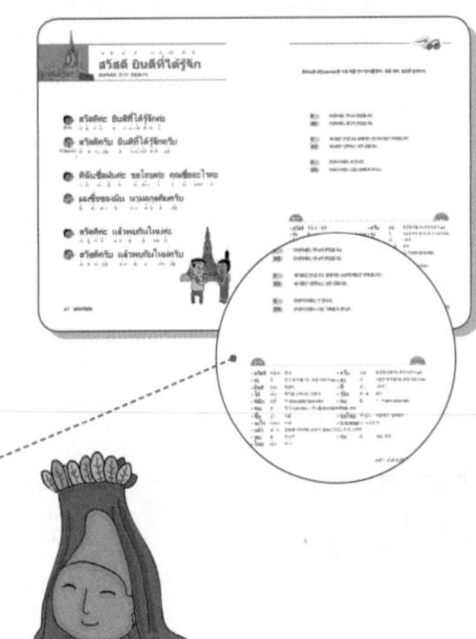

현재 태국에서 사용하는 회화문을 위주로 구성하였다. 또한 간단하고 쉬운 문장들로만 구성하여 처음 배우는 초보자들도 누구나 쉽게 따라할 수 있다.

단어

어떤 언어를 공부하든 단어를 익히는 것은 그 언어학습의 시작이다.
새로 나온 단어들 위주로 수록하였으므로, 본문을 시작하기 전, MP3를 따라 발음해보면서 미리 익히도록 하자!

아주 쉬운 해설

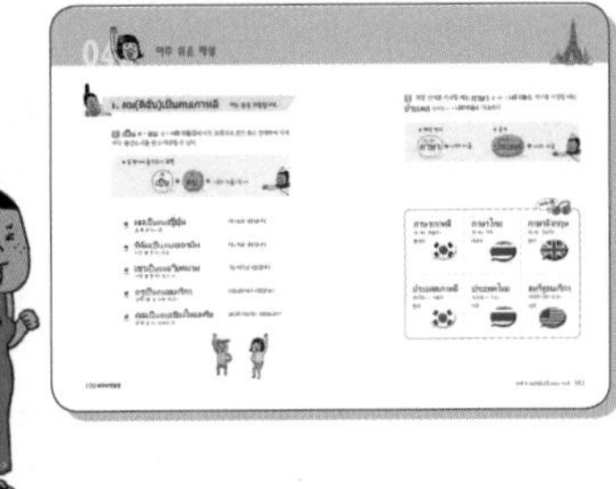

회화에 꼭 필요한 기초 문법들로만 알기 쉽게 구성하였다. 필요할 때는 일러스트로 설명하여 이해하기 쉽게 되어있다.
여기 나오는 기초 단어설명과 문법들은 회화에 꼭 필요한 것들이므로 잘 알아두도록 하자!

태국에서 통하는 회화 따라 하기

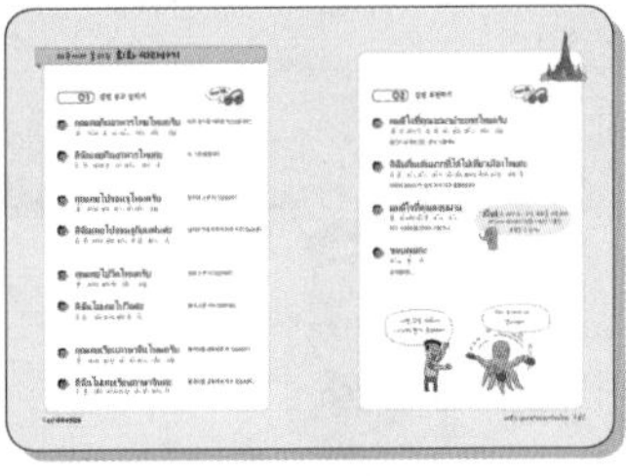

본문에 나오는 문장 중 중요한 문장을 다시 한 번 연습하며 실제 회화에 응용해보는 코너이다.
자주 쓰이는 회화패턴을 익혀서 다른 단어들을 번갈아 넣어가며 연습하다보면 저절로 태국어 문장의 패턴이 머릿속에 기억될 것이다.

태국문화 엿보기

태국문화를 알면 태국어가 한결 쉽고 재미있어진다!
언어는 항상 그 나라의 문화가 살아 숨 쉬는 것!
태국 문화를 모르면 진정한 태국어를 할 수 없다.
또한, 우리와는 다른 태국문화를 재미있게 읽다보면 태국이 한층 가까워질 것이다.

차례

떠 (ต่อ)

성민(ซองมิน)

지영 (จียอง)

오늘날의 태국어

폰(ฝน)

태국어란?

태국으로
이번 여행을 떠날까 해~
아~생각만 해도
행복하다~~

태국어 준비는 좀 했나봐?

글자모양이
엄청 기름에 지렁이 튀긴 모양이야.
공부하는건 좀 어려울거 같아.

네가 책임지고 공부해..
타이 마사지 알바로 공부
해 보는건 어때?
내친구 칸 소개시켜줄까?

태국 최초의 국가였던
쑤코타이 시대에 람캄행 왕은
1283년 크메르 문자를 변형하여
태국어의 기초가 되는 수코타이 고유 문자를
만들었어. 태국어는 고대 인도 문자인 브라흐미
문자로 부터 계통이 이어져 왔으나
인도 문자와는 차이가 나는
태국어의 특성이 존재해.
나 태국가면 태국왕자
만날수 있는거야?
딴 생각말고 내말에
집중해요...

태국어는 **자음 문자 44개**와
모음 문자 32개가 있으며, 성조는 5성이고
4개의 성조 부호로 성조를 표시할 수도 있어.

올~~~ 언제 좀
공부좀 했나보네.

근데
자음 문자 44개 +모음 문자32개
언제 다 외우냐고~~
그래!
왕자 만날려면
말이 통해야 연애를 하든
뭘하든 할거 아냐?

넌 할수 있어!
여행을 가서 태국인이
되어 보는거야!

성조, 장모음, 단모음에 따라
발음이 달라지며
그 의미 또한 달라진다는데
한번 시도해 보지 뭐.
세상 쉬운게
어딨어~
에휴!

그래~너만 믿을게~~

표준어와 방언

수도가 어딘지는 알고 물어보는겨?

흥! 태국의 수도는 방콕이며, 방콕을 중심으로 한 중부 지역에서 사용하는 중부 지역 언어가 표준어라는것도 알고 있어..

치앙마이

라오스

북부

태국은 크게 5개 지역으로 나눠지며 중부, 동부, 남부, 북부, 북동부 각 지역에 따라 사용하는 단어나 발음, 억양이 조금씩 달라져.

북동부

오팡~~~

중부

베트남

방콕

동부

캄보디아

푸켓

남부

태국어의 특징

이것은 지렁이이고 이것은 뱀이고,
이것들은 무엇이고
나는 어디에 있는가?

우선 태국어의 기본 문형을 알아야죠~
모양이 특이해서 그렇지
생각보다 그렇게 어렵지 않아요~
고뤠~~~~ 듣던중 귀에
쏙 들어오는 말이네요~

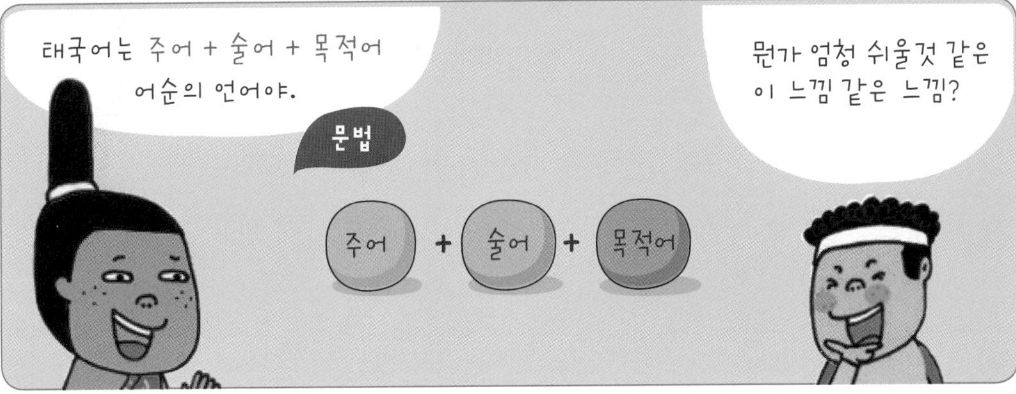
태국어는 주어 + 술어 + 목적어
어순의 언어야.
문법
주어
+
술어
+
목적어
뭔가 엄청 쉬울것 같은
이 느낌 같은 느낌?

영어랑 비슷한
어순이네.
주어
+
명사

하지만 영어, 중국어 혹은 한국어와는
달리 수식어가 명사 뒤에 놓여.
술어
+
목적어
+
수식어
명사

태국어 대부분은 단음절어이며
동사의 변형이 없는
고립어야.
단음절
술어
변형
동사
올~ 대박! 그럼 동사 변형이
없으니 생각보다 외울게
줄어 든다는 사실!

저~~~어기... 방심은 금물이야..
태국인들만 알아 들을 수 있는
성조가 기달리고 있어.

그냥.. 성조는 패쓰하면
안될까요?

성조가 어렵긴 하지만 조금만 노력하면
충분히 마스터 할수 있어.
태국어의 성조는 5성 (평성, 1성, 2성, 3성, 4성)이며
성조 부호를 사용하는 유형 성조와
성조 부호가 없는 무형 성조로 나뉘어.

잠깐! 여기에
성조 부호는 4가지
่ ้ ๊ ๋ 가
있지?
성조
2성, ^
3성, /
4성, v
평성, —
1성, \
맞아. 맞아. 맞아!

태국어를 말할 때 성조에 따라
단어의 의미가 달라지므로
발음에 유의하여야 해.
넵!!

문장부호
구럼 문장 부호는 어떻게 써?
내가 쭈욱~ 훑어 봤는데
물음표, 느낌표 같은게 없네..
반점, 온점, 느낌표, 물음표 등
문장 부호를 쓰지 않아.
띄어쓰기도
일부 경우를 제외하고는
사용되지 않아.

왕실 용어

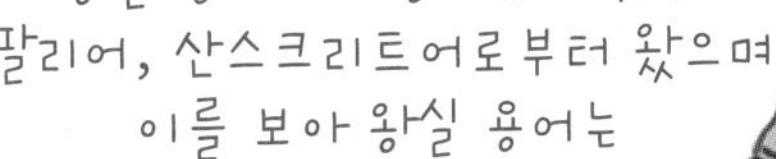

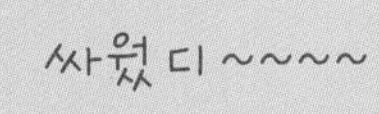

국왕 및 왕족 또는 승려에 대한 경어가 존재해.
왕실 용어에 사용되는 어휘는
팔리어, 산스크리트어로부터 왔으며
이를 보아 왕실 용어는
불교와 밀접한 관련이 있어.
싸웠디~~~~
아...아니..싸왓디~~

떠 (ต่อ)

성민(ซองมิน)

지영 (จียอง)

폰(ฝน)

태국어 문자와 발음

순서	문자	발음		의미	음가	
					초자음	종자음
1	ก	กอ ไก่	꺼̄– 까̀이	닭	ㄲ	ㄱ
2	ข	ขอ ไข่	커̌– 카̀이	달걀	ㅋ	ㄱ
3	ฃ	ฃอ ขวด	커̌– 쿠̀–엇	병	ㅋ	ㄱ
4	ค	คอ ควาย	커̄– 콰̄–이	물소	ㅋ	ㄱ
5	ฅ	ฅอ คน	커̄– 콘̄	사람	ㅋ	ㄱ
6	ฆ	ฆอ ระฆัง	커̄– 라́캉̄	종	ㅋ	ㄱ
7	ง	งอ งู	응어̄– 응우̄–	뱀	ng	ng
8	จ	จอ จาน	쩌̄– 짜̄–ㄴ	접시	ㅉ	ㅅ
9	ฉ	ฉอ ฉิ่ง	처̌– 칭̀	징	ㅊ	-
10	ช	ชอ ช้าง	처̄– 차́–ㅇ	코끼리	ㅊ	ㅅ
11	ซ	ซอ โซ่	써̄– 쏘̂–	쇠사슬	ㅆ	ㅅ

1. 자음

태국어 자음 문자는 아래와 같이 총 44개이다. 자음을 발음할 때에는 모음 **어-**를 붙여 발음한다. 아래 표에서 3번 ฃ 와 5번 ฅ 은 현재 사용하지 않는다.

순서	문자	발음		의미	음가	
					초자음	종자음
12	ฌ	ฌอ เฌอ	처- 츠ㅓ-	나무이름	ㅊ	-
13	ญ	ญอ หญิง	여- 잉	여자	y	ㄴ
14	ฎ	ฎอ ชฎา	더- 차다-	무용관	ㄷ	ㅅ
15	ฏ	ฏอ ปฏัก	떠- 빠딱	장대	ㄸ	ㅅ
16	ฐ	ฐอ ฐาน	터- 타-ㄴ	받침대	ㅌ	ㅅ
17	ฑ	ฑอ มณโฑ	터- 몬토-	여자 이름	ㅌ	ㅅ
18	ฒ	ฒอ ผู้เฒ่า	터- 푸-타오	노인	ㅌ	ㅅ
19	ณ	ณอ เณร	너- 네-ㄴ	수련승	ㄴ	ㄴ
20	ด	ดอ เด็ก	더- 덱	어린이	ㄷ	ㅅ
21	ต	ตอ เต่า	떠- 따오	거북이	ㄸ	ㅅ
22	ถ	ถอ ถุง	터- 퉁	봉지	ㅌ	ㅅ

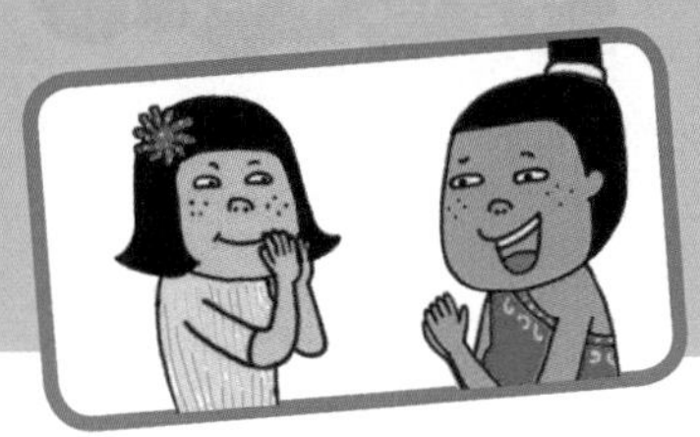

순서	문자	발음		의미	음가	
					초자음	종자음
23	ท	ทอ ทหาร	터- 타하-ㄴ	군인	ㅌ	ㅅ
24	ธ	ธอ ธง	터- 통	깃발	ㅌ	ㅅ
25	น	นอ หนู	너- 누-	생쥐	ㄴ	ㄴ
26	บ	บอ ใบไม้	버- 바이마이	나뭇잎	ㅂ	ㅂ
27	ป	ปอ ปลา	뻐- 쁠라-	물고기	ㅃ	ㅂ
28	ผ	ผอ ผึ้ง	퍼- 픙	벌	ㅍ	-
29	ฝ	ฝอ ฝา	풔- 퐈-	마개,뚜껑	f	-
30	พ	พอ พาน	퍼- 파-ㄴ	쟁반	ㅍ	ㅂ
31	ฟ	ฟอ ฟัน	풔- 퐌	이, 치아	f	ㅂ
32	ภ	ภอ สำเภา	퍼- 쌈파오	돛단배	ㅍ	ㅂ
33	ม	มอ ม้า	머- 마-	말	ㅁ	ㅁ

순서	문자	발음		의미	음가	
					초자음	종자음
34	ย	ยอ ยักษ์	여̄– 약́	도깨비	y	이
35	ร	รอ เรือ	러̄– 르̄–아	배	ㄹ(r)	ㄴ
36	ล	ลอ ลิง	러̄– 링̄	원숭이	ㄹ(l)	ㄴ
37	ว	วอ แหวน	워̄– 왜̌–ㄴ	반지	w	우
38	ศ	ศอ ศาลา	써̌– 싸̌–라̄–	정자	ㅆ	ㅅ
39	ษ	ษอ ฤษี	써̌– 르̄–씨̌–	도사	ㅆ	ㅅ
40	ส	สอ เสือ	써̌– 쓰̌–아	호랑이	ㅆ	ㅅ
41	ห	หอ หีบ	허̌– 히̀–ㅂ	상자	ㅎ	-
42	ฬ	ฬอ จุฬา	러̄– 쭐̀라̄–	연	ㄹ(l)	ㄴ
43	อ	ออ อ่าง	어̄– 아̀–ㅇ	대야	ㅇ	-
44	ฮ	ฮอ นกฮูก	허̄– 녹́후̂–ㄱ	부엉이	ㅎ	-

중자음 (9자)

TRACK 02

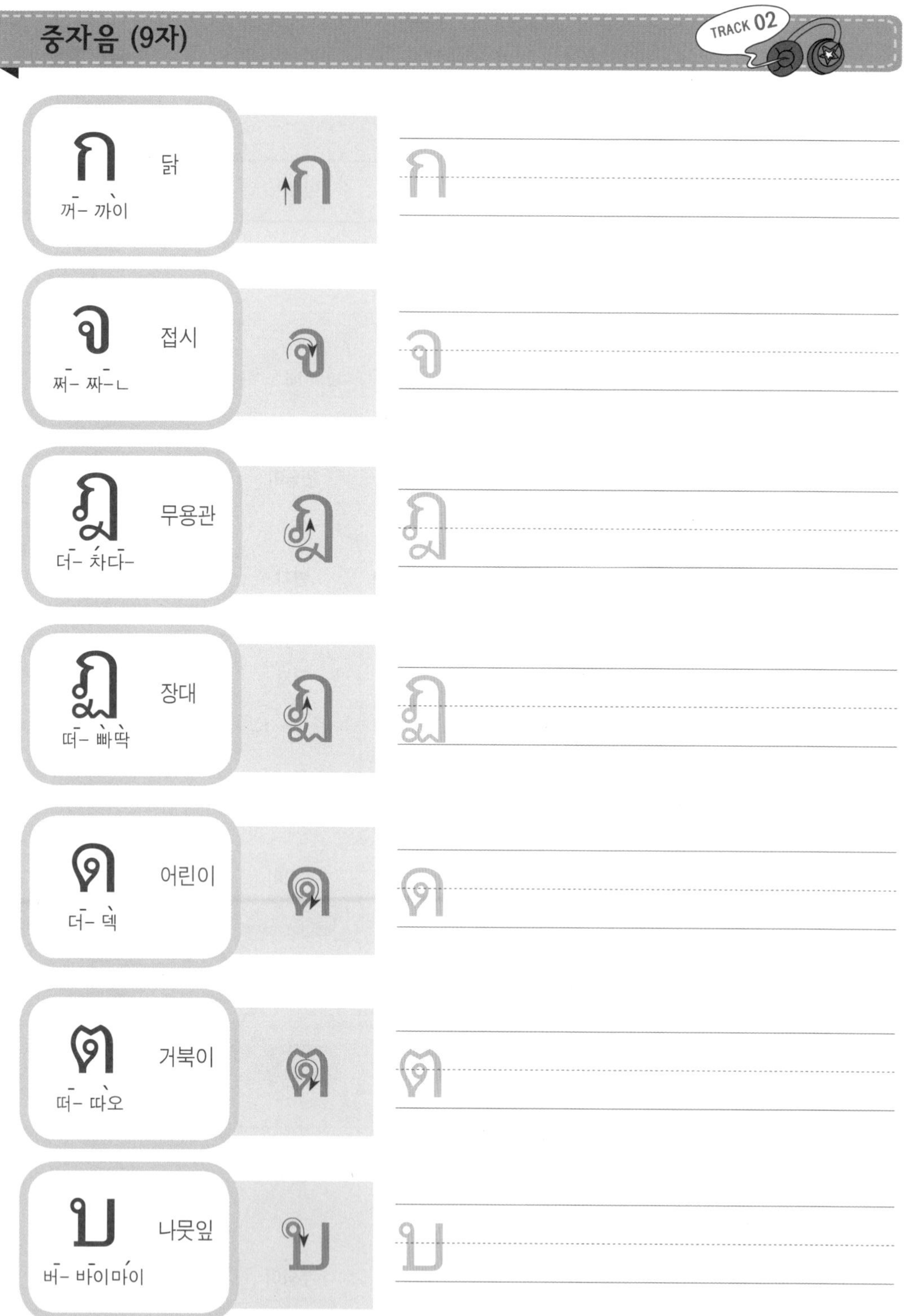

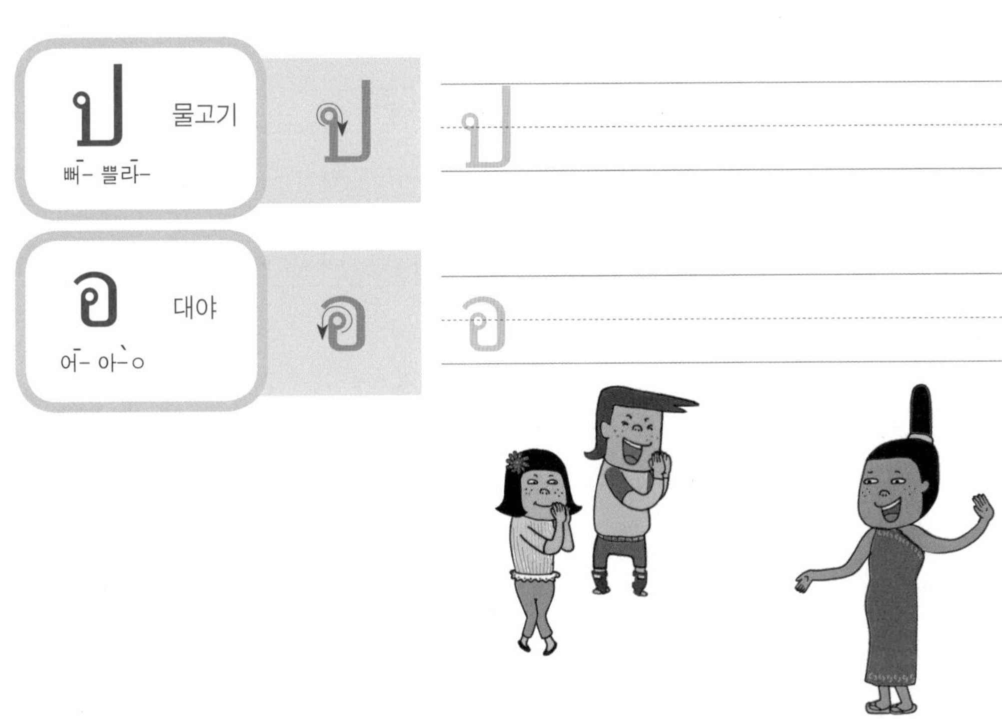

고자음 (10자)

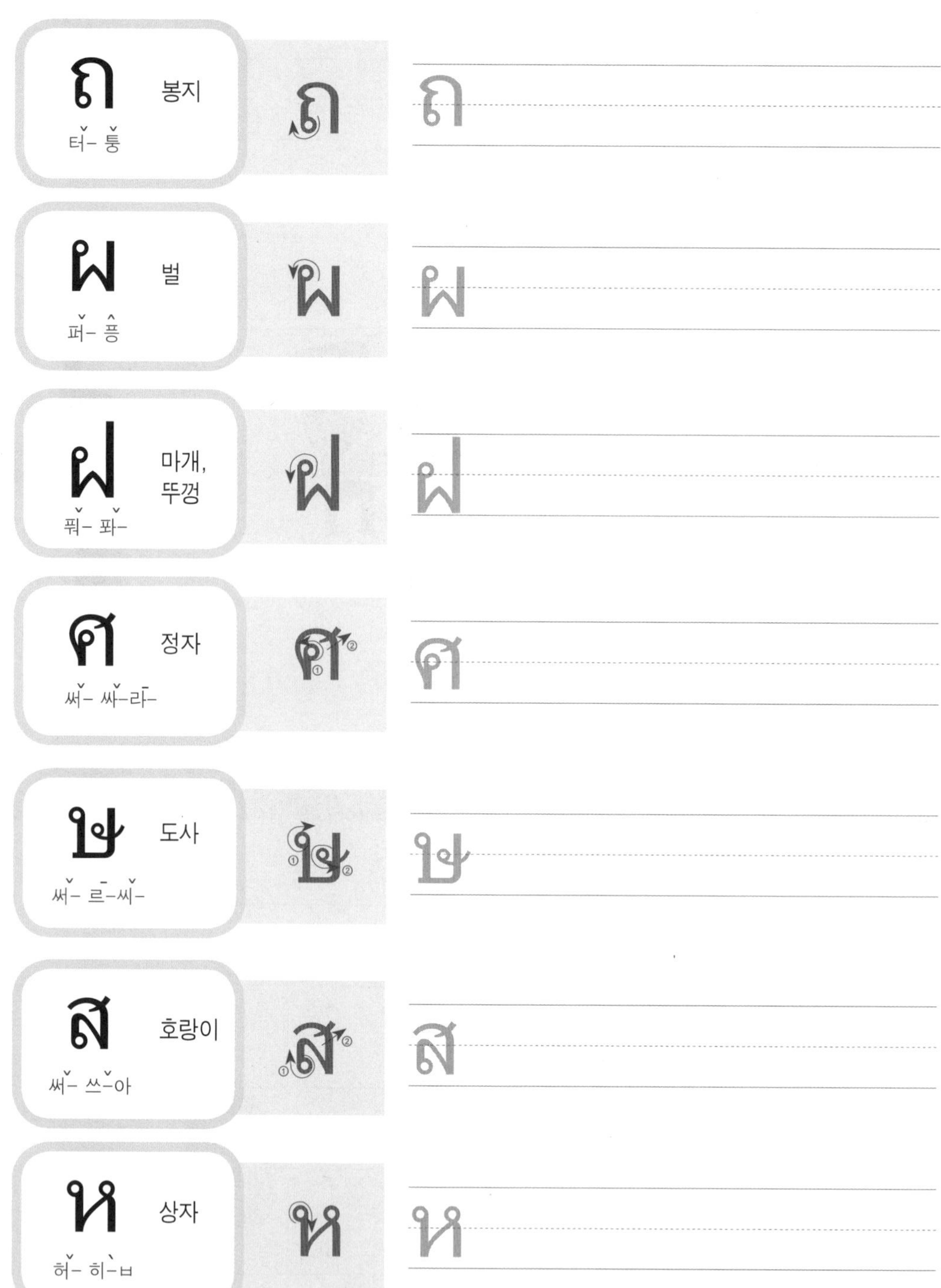
ถ
봉지
터ˇ- 퉁ˇ
ผ
벌
퍼ˇ- 픙^
ฝ
마개,
뚜껑
풔ˇ- 퐈ˇ-
ศ
정자
써ˇ- 싸ˇ-라-
ษ
도사
써ˇ- 르-씨ˇ-
ส
호랑이
써ˇ- 쓰ˇ-아
ห
상자
허ˇ- 히ˋㅂ

저자음 (23자)

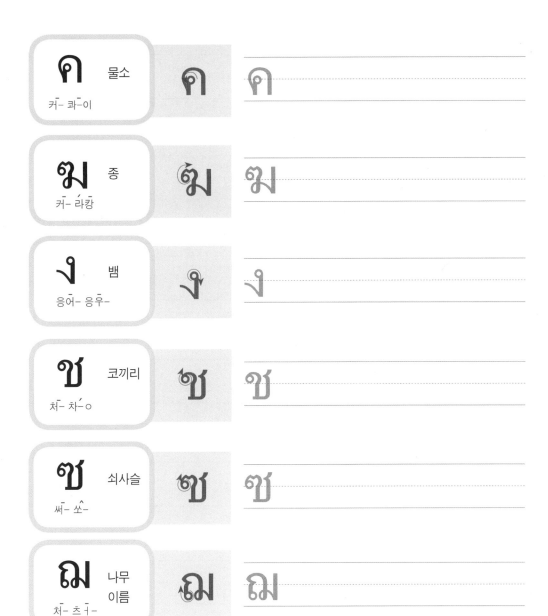

글자	뜻	발음	쓰기	
ค	물소	커̄- 콰̄-이	ค	ค
ฆ	종	커̄- 라́캉̄	ฆ	ฆ
ง	뱀	응어̄- 응우̄-	ง	ง
ช	코끼리	처̄- 차́-ㅇ	ช	ช
ซ	쇠사슬	써̄- 쏘̂-	ซ	ซ
ฌ	나무 이름	처̄- 츠ㅓ̄-	ฌ	ฌ

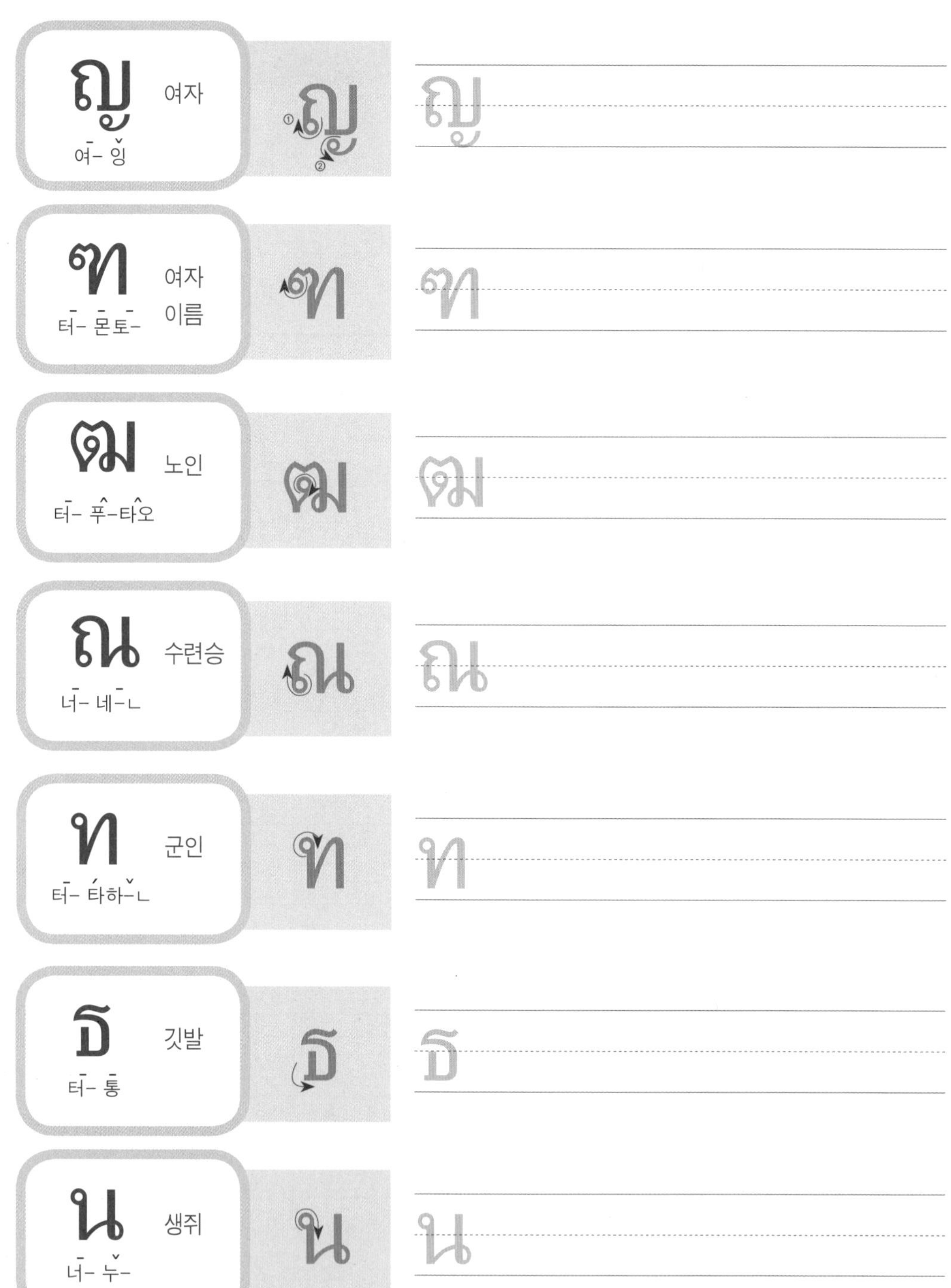
ญ 여자
여- 잉
ฑ 여자 이름
터- 몬토-
ฒ 노인
터- 푸-타오
ณ 수련승
너- 네-ㄴ
ท 군인
터- 타하-ㄴ
ธ 깃발
터- 통
น 생쥐
너- 누-

พ 쟁반 퍼- 파-ㄴ	พ	พ
ฟ 이, 치아 풔- 퐌	ฟ	ฟ
ภ 돛단배 퍼- 쌈파오	ภ	ภ
ม 말 머- 마-	ม	ม
ย 도깨비 여- 약	ย	ย
ร 배 러- 르-아	ร	ร
ล 원숭이 러- 링	ล	ล

TRACK 04

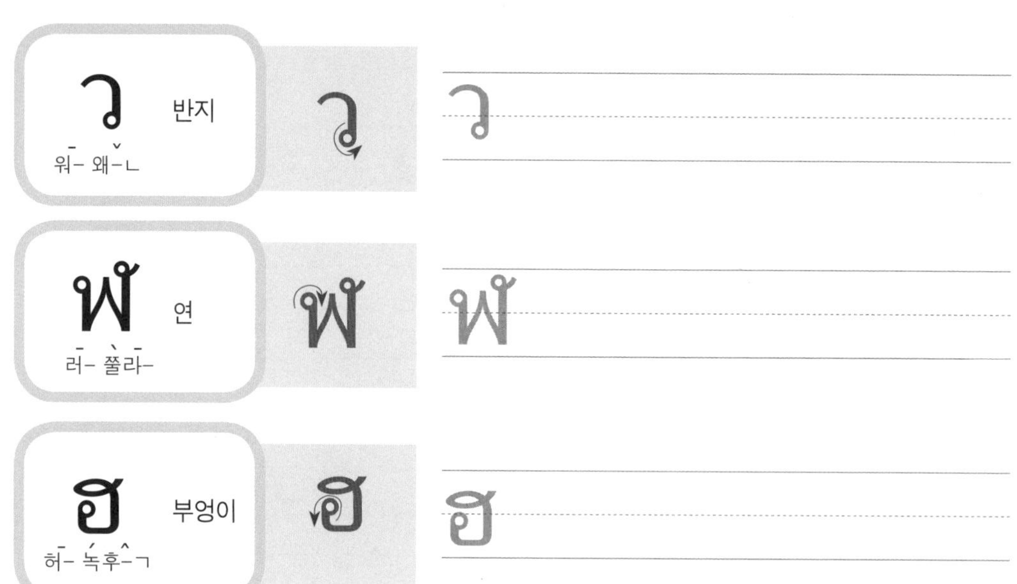
ว
반지
워- 왜-ㄴ
ฬ
연
러- 쭐라-
ฮ
부엉이
허- 녹후-ㄱ

2. 모음

태국어 모음 문자는 아래와 같이 총 32개이다. 모음은 발음의 장단에 따라 단모음과 장모음으로 나뉘어 진다. 중자음, 고자음, 저자음이 장모음 또는 단모음과 결합하여 성조를 결정한다. 아래 모음 표에서 기호 『-』는 자음 문자의 위치를 표시한 것이다.

태국어 자음 문자 중 첫 글자인 ก 를 자음 위치에 넣어 자음과 결합 예시를 들었다. 이는 자음 위치를 한 번 더 확인하기 위한 예시일 뿐이며, 실제로 존재하지 않는 단어가 대부분이다.

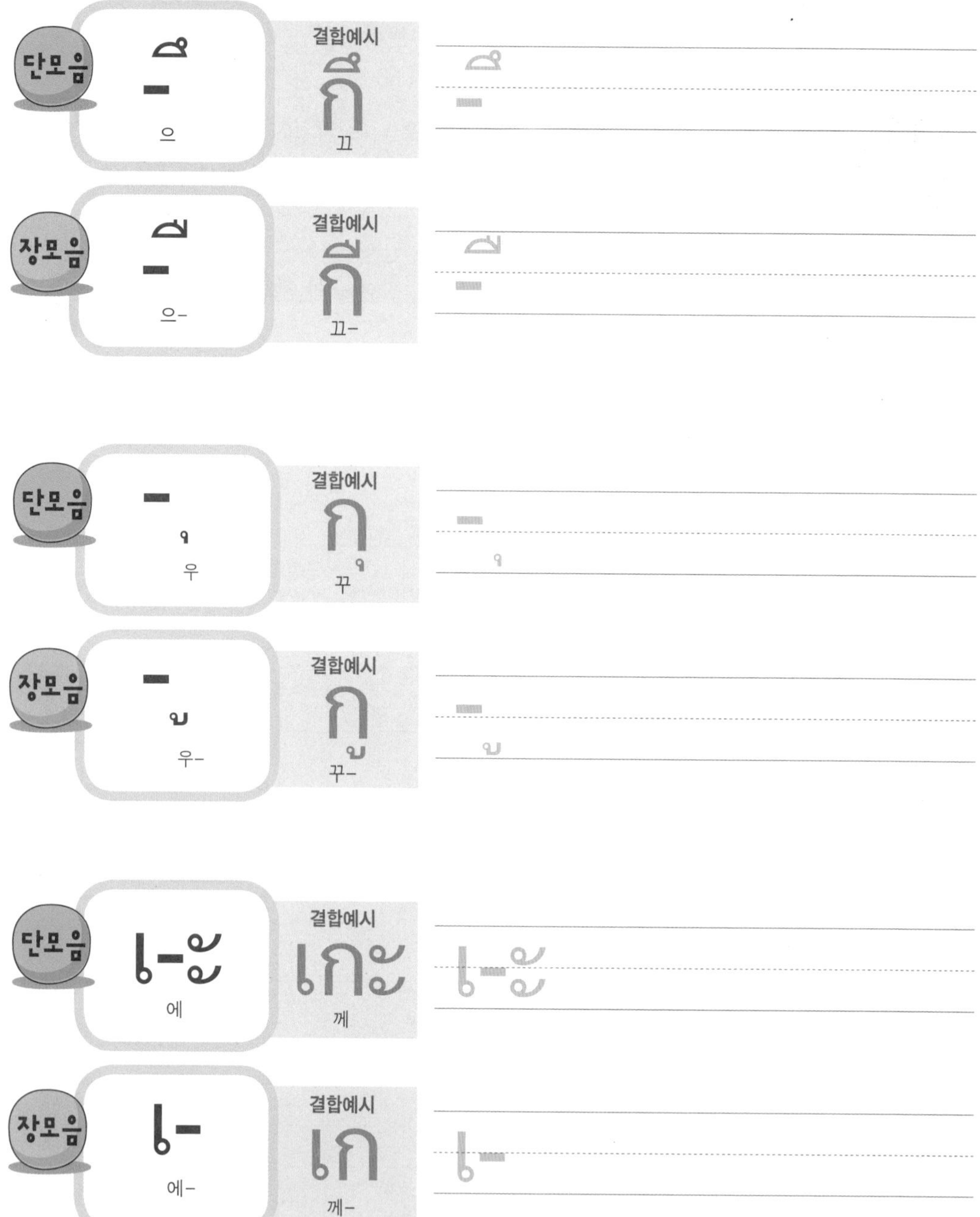
단모음
 ึ
으
결합예시
กึ
끄
장모음
 ื
으-
결합예시
กื
끄-
단모음
 ุ
우
결합예시
กุ
꾸
장모음
 ู
우-
결합예시
กู
꾸-
단모음
เ–ะ
에
결합예시
เกะ
께
장모음
เ–
에-
결합예시
เก
께-

		결합예시	
단모음	แ-ะ 애	แกะ 깨	แ-ะ
장모음	แ- 애-	แก 깨-	แ-

		결합예시	
단모음	โ-ะ 오	โกะ 꼬	โ-ะ
장모음	โ- 오-	โก 꼬-	โ-

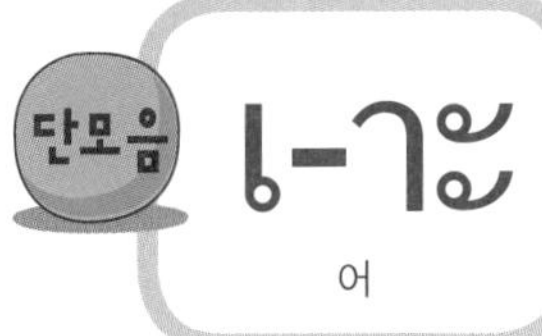

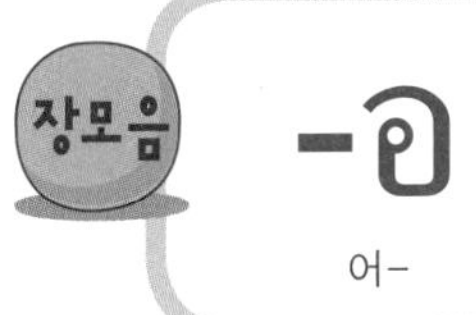

		결합예시	
단모음	เ-าะ 어	เกาะ 꺼	เ-าะ
장모음	-อ 어-	กอ 꺼-	-อ

단모음 เ-อะ
으ㅓ

결합예시 เกอะ
끄ㅓ

เ-อะ

장모음 เ-อ
으ㅓ-

결합예시 เกอ
끄ㅓ-

เ-อ

단모음 เ-ือะ
으아

결합예시 เกือะ
끄아

เ-ือะ

장모음 เ-ือ
으-아

결합예시 เกือ
끄-아

เ-ือ

단모음 เ-ียะ
이아, 이야

결합예시 เกียะ
끼아, 끼야

เ-ียะ

장모음 เ-ีย
이-아, 이-야

결합예시 เกีย
끼-아, 끼-야

เ-ีย

		결합예시
단모음	-ัวะ 우어	กัวะ 꾸어
장모음	-ัว 우-어	กัว 꾸-어

-ัวะ

-ัว

		결합예시
단모음	เ-า 아오	เกา 까오
장모음	-ำ 암	กำ 깜

เ-า

★ 단모음이지만 성조 계산시에는 장모음으로 계산한다.

-ำ

★ 장모음이지만 읽을 때는 단모음으로 발음한다.

		결합예시
단모음	ไ- 아이	ไก 까이
장모음	ใ- 아이	ใก 까이

ไ-

★ 단모음이지만 성조 계산시에는 장모음으로 계산한다.

ใ-

★ 장모음이지만 읽을 때는 단모음으로 발음한다.

※ เ-า 아오, -ำ 암, ไ- 아이, ใ- 아이 : **읽을 때는 단모음, 성조 계산시에는 장모음으로 한다.**

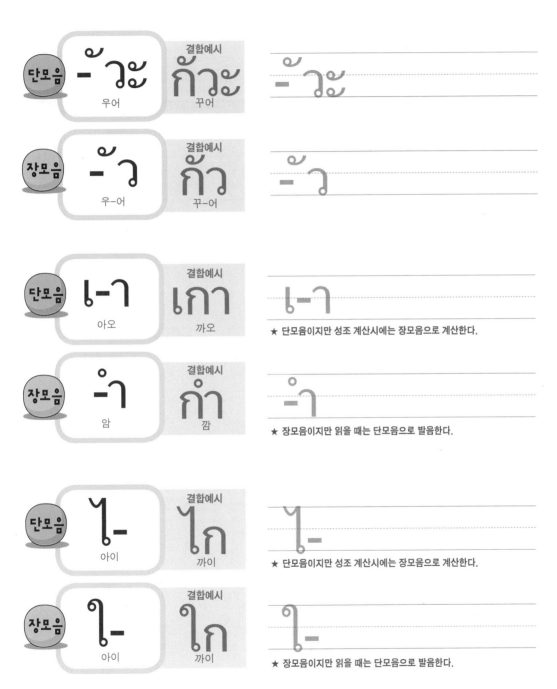

단모음

ฤ

르

결합예시

ฤ

르

ฤ

장모음

ฤๅ

르-

결합예시

ฤๅ

르-

ฤๅ

단모음

ฦ

르

결합예시

ฦ

르

ฦ

장모음

ฦๅ

르-

결합예시

ฦๅ

르-

ฦๅ

3. 성조

태국어 성조는 모두 5개가 있다.

평성 평상시의 보통 높이의 억양으로 발음한다.

기호 표시: −

1성 평성보다 낮은 음으로 발음한다.

기호 표시: ＼

2성 평성보다 높은 음에서 시작하여 높이 올렸다가 하강한다.

기호 표시: ^

3성 평성보다 조금 높은 음에서 시작하여 단모음의 경우는 짧게 올려 주고,장모음의 경우 길게 올려주어 발음한다.

기호 표시: /

4성 평성보다 조금 낮은 음에서 시작하여 내려갔다가 평성 정도의 억양으로 다시 올라간다.

기호 표시: v

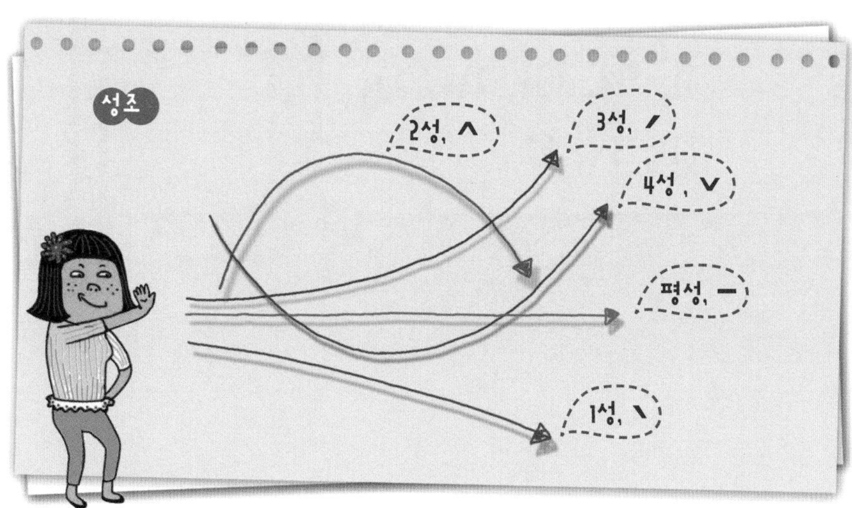

무형 성조

종자음이 없을 경우 — 자음 + 모음

		+ 단모음	, 장모음
중자음	ก, จ, ฎ, ฏ, ด, ต, บ, ป, อ	1성	평성
고자음	ข, ฉ, ฐ, ถ, ผ, ฝ, ศ, ษ, ส, ห	1성	4성
저자음	ค, ง, ช, ซ, ท, น, พ, ฟ, ม, ย, ร, ล, ว, ฆ, ฌ, ธ, ฑ, ฒ, ณ, ภ, ญ, ฬ, ฮ	3성	평성

TRACK 06

무형 성조는 자음의 종류(중자음, 고자음, 저자음)와 모음의 종류(단모음, 장모음) 그리고 종자음의 종류(생음, 사음)에 따라 성조가 구분되며 별도의 성조부호를 사용하지 않는 것이다.

자음 + 모음

중자음	+ 단모음	= 1성	ดุ 두	꾸짖다	เกาะ 꺼	섬
	+ 장모음	= 평성	ตี 띠-	치다	อา 아-	숙부
고자음	+ 단모음	= 1성	ผุ 푸	썩다	เถาะ 터	토끼띠
	+ 장모음	= 4성	ขา 카-	다리	หา 하-	찾다
저자음	+ 단모음	= 3성	เยอะ 여	많다	วะ 와	감탄어조사
	+ 장모음	= 평성	มา 마-	오다	ยา 야-	약(藥)

종자음이 있을 경우

자음 + 모음 + 종자음 (생음, 사음)

종자음이
생음(개운 開韻 : 음이 계속 울리는 경우로 종자음이 ㅇ, ㅁ, ㄴ 인 경우),
사음(폐운 閉韻 : 음이 닫히는 경우로 종자음이 ㄱ, ㅅ, ㅂ 인 경우)

ง ย ว ม น ญ ณ ร ล ฬ

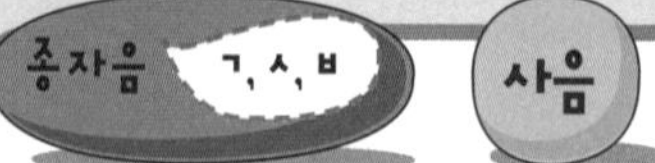

ก ข ค ฆ ด จ ช ซ ฎ ฏ ฐ ฑ ฒ ต ถ ท ธ ศ ษ ส บ ป พ ฟ ภ

자음 + 모음 + 생음 , 사음

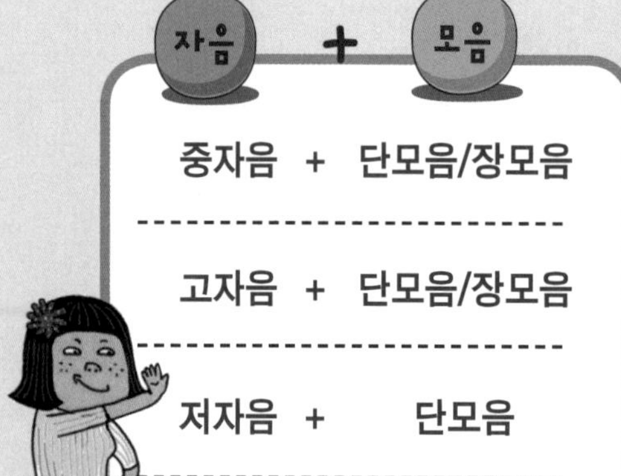

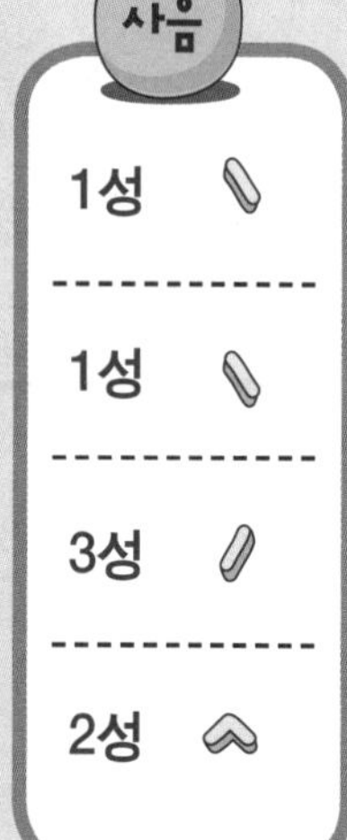

TRACK 07

자음 + 모음 + 종자음 (생음, 사음)

중자음 + 단모음/장모음 + 생음 = 평성
중자음 + 단모음/장모음 + 사음 = 1성

- จาน 짜-ㄴ 접시
- ปาก 빠-ㄱ 입

고자음 + 단모음/장모음 + 생음 = 4성
고자음 + 단모음/장모음 + 사음 = 1성

- สาย 싸-이 늦다
- สุข 쑥 행복하다

저자음 + 단모음/장모음 + 생음 = 평성
저자음 + 단모음 + 사음 = 3성
저자음 + 장모음 + 사음 = 2성

- คง 콩 아마

★자음+자음의 조합일 경우, 그 사이에 단모음 โ-ะ 오 가 생략된 것으로 간주한다.

- ทุก 툭 모든
- มาก 마-ㄱ 많다

유형 성조

부호	명칭	발음	연습하기
่	ไม้เอก	마́이 에-̀ㄱ	่
้	ไม้โท	마́이 토-̄	้
๊	ไม้ตรี	마́이 뜨리-̄	๊
๋	ไม้จัตวา	마́이 짯̀따와-̄	๋

성조 부호가 표시된 음절에는 모음의 종류, 종자음의 종류와 상관없이 성조부호가 표시된 자음의 종류에 따라 성조가 결정된다.

예를 들어, ห้าม 하-ㅁ / 금지하다 **의 경우**
성조부호 ้ 가 표시된 자음이 고자음인 ห 허- 히-ㅂ **이므로 2성으로 발음한다.**

자음 + 성조부호

	่	้	๊	๋
중자음: ก, จ, ฎ, ฏ, ด, ต, บ, ป, อ	1성	2성	3성	4성
고자음: ข, ฉ, ฐ, ถ, ผ, ฝ, ศ, ษ, ส, ห	1성	2성	-	-
저자음: ค, ง, ช, ซ, ท, น, พ, ฟ, ม, ย, ร, ล, ว, ฆ, ฌ, ธ, ฑ, ฒ, ณ, ภ, ญ, ฬ, ฮ	2성	3성	-	-

발음 예외

성조 계산시 일부 예외도 존재하는데, 대표적인 예외로는 다음과 같은 것들이 있다.

예 시	단 어
자음 + -ั 는 단모음 -ะ 아 로 발음한다.	• หัน 한 — 향하다 • ดัน 탄 — 밀다
모음이 없이 자음과 자음만으로 음절을 이룰 때에는 단모음 โ-ะ 오 혹은 -ะ 아 가 생략되었다고 본다.	• ขนม 카놈 — 과자 • ถนน 타논 — 도로 ★ 원래 놈과 논은 평성이 되어야 하지만, 이 경우 앞의 고자음인 ข 와 ถ 가 뒤의 저자음을 고자음화 시켜 평성이 아닌 4성으로 발음하는 것이다.
ท 터- 타하-ㄴ 와 ร 러- 르-아 가 앞뒤로 붙어 있다면 ซ 써- 쏘-로 발음한다.	• ทราย 싸-이 — 모래 • ทราบ 싸-ㅂ — 알다

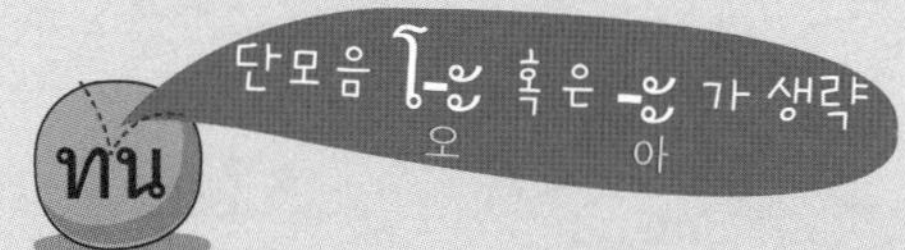

ห 허-히-ㅂ 이 생음인 ㅇ, ㄴ, ㅁ 발음의 자음 ง, ย, ว, ม, น, ญ, ณ, ร, ล 앞에 오면 ห 이 묵음 처리 되며, 성조는 고자음 ห 에 따른다.

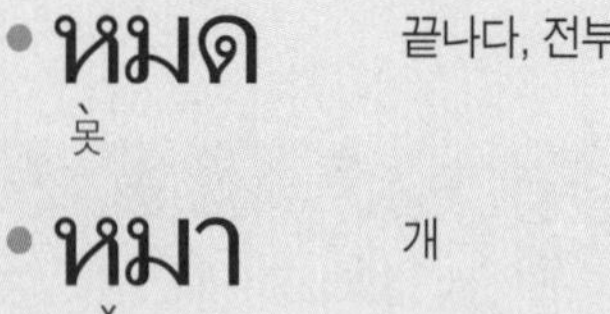

- หมด 못̀ 끝나다, 전부
- หมา 마̌ 개

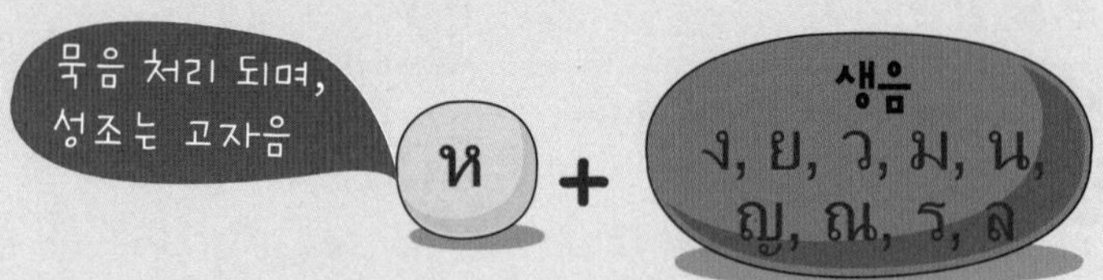

อ 어-아-ㅇ 이 ย 여-약 앞에 오면 อ 이 묵음 처리 되며, 성조는 중자음 อ 에 따른다.

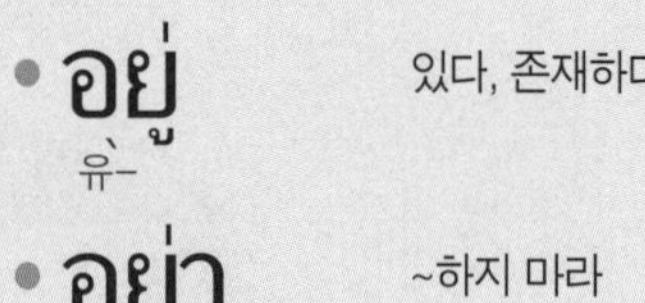

- อยู่ 유̀- 있다, 존재하다
- อย่า 야̀- ~하지 마라

4. 기타

문장 부호

다음과 같은 문장 부호가 존재한다.

부호	용도	예	발음	뜻
์ 까-란	부호가 표시된 자음의 묵음처리	อาจารย์	아-짜-ㄴ	교수
็ 마이따이쿠-	장모음 단모음화	เผ็ด	펫	맵다
ฯ 빠이야-ㄴ 너-이	긴 단어 맨 뒤에 붙여 단어 생략	กรุงเทพฯ	끄룽테-ㅂ	방콕
ๆ 마이 야목	단어 반복 사용, 의미 강조	มากๆ	마-ㄱ 마-ㄱ	아주 많다
ฯลฯ 빠이야-ㄴ 야이	'기타 등등' 의 의미로 사용	ไก่ หมู วัว ฯลฯ	까이 무- 우어	닭 돼지 소 등

고유 숫자

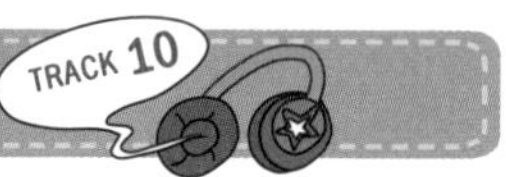

태국은 아라비아 숫자와 고유 숫자를 혼용하여 사용하므로 고유 숫자를 숙지하여야 한다.

๐ 쑤̌-ㄴ	0	๐	๐
๑ 능̀	1	๑	๑
๒ 써̌-ㅇ	2	๒	๒
๓ 싸̌-ㅁ	3	๓	๓
๔ 씨̀-	4	๔	๔

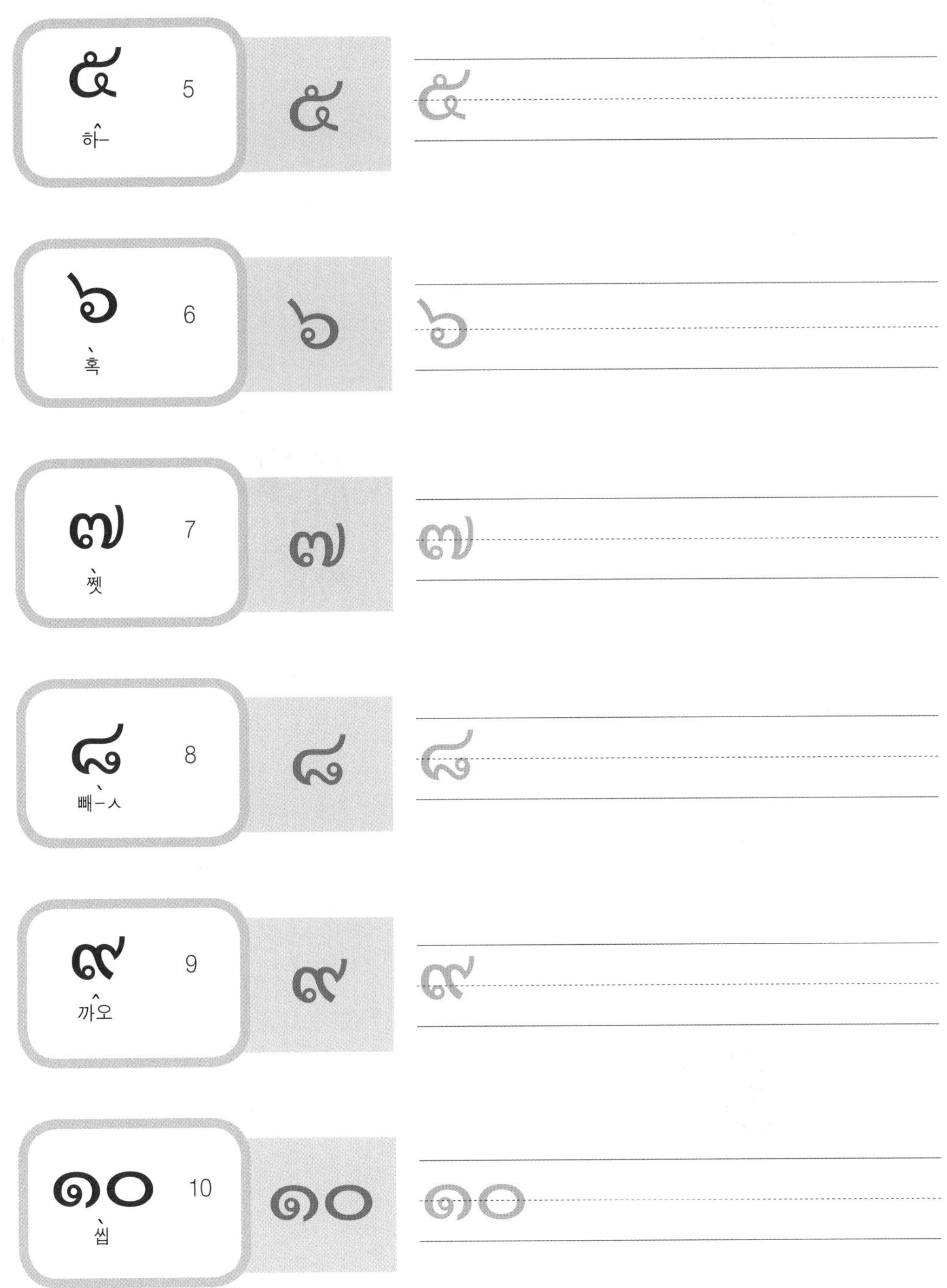

๕
5
하̂-
๕
๕
๖
6
혹̀
๖
๖
๗
7
쪳̀
๗
๗
๘
8
빼̀-ㅅ
๘
๘
๙
9
까̂오
๙
๙
๑๐
10
씹̀
๑๐
๑๐

떠 (ต่อ)

성민(ซองมิน)

지영 (จียอง)

기본 회화

폰(ฝน)

1. 인사 - 만났을 때

สวัสดี 안녕!
싸 왓 디-

สวัสดี | ครับ 남자 | 안녕하세요.
싸 왓 디- | 크랍 |
| ค่ะ 여자 |
| 카 |

처음 보는 사람이나 윗사람에게 말할 때 **남자**는 ครับ 크랍,
여자는 평서문에 ค่ะ 카 또는 의문문에 คะ 카 를 붙여 정중히 말해야 해.

- สวัสดีครับ / สวัสดีค่ะ + 대상 ~, 안녕하세요.
  싸 왓 디- 크랍 싸 왓 디- 카

สวัสดีครับ | คุณพ่อ | 아버지, 안녕하세요.
싸 왓 디- 크랍 | 쿤 퍼- |

สวัสดีค่ะ | คุณแม่ | 어머니, 안녕하세요.
싸 왓 디- 카 | 쿤 매- |

2. 인사 – 처음 만났을 때

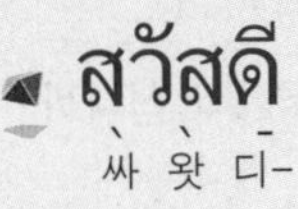

싸̀ 왓̀ 디–

크́랍 남자

ค่ะ

카̂ 여자

안녕하세요.

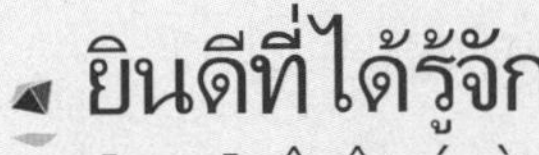

ยินดีที่ได้รู้จัก

인 디–티̂–다̂이 루́– 짝

ครับ

크́랍

ค่ะ

카̂

만나서 반갑습니다.

처음 만났을 때 나누는 인사말이야.

ยินดี 인디– 는 **기쁘다**는 뜻으로 알게 되어 기쁘다는 속뜻이 담겨 있어.

커̌– 토̂–ㅅ

ครับ

크́랍

ค่ะ

카̂

실례합니다.

ขอโทษ 커–토–ㅅ 은 **실례하다, 미안하다**는 의미야.

คุณชื่ออะไร
쿤 츠ˆ- 아라ˉ이

ครับ
크ˊ랍

คะ
ˊ카

성함이 어떻게 되십니까?

คุณ 쿤 은 **당신**이라는 의미야.

ผม
폼ˇ

ดิฉัน
디 찬ˇ

ชื่อ + 이름
츠ˆ-

ครับ
크ˊ랍

ค่ะ
카ˆ

제 이름은 ~입니다.

자신을 지칭할 때 **남자**는 **ผม** 폼, **여자**는 **ดิฉัน** 디찬 이라고 해.

ผมชื่อซองมิน นามสกุลคิมครับ
폼ˇ 츠ˆ- 써ˉ-ㅇ 민ˉ 나ˉ-ㅁ 싸ˋ 꾼ˉ 킴ˉ 크ˊ랍

제 이름은 성민이고, 성은 김입니다.

3. 인사 - 오랜만에 만났을 때

เป็นอย่างไรบ้าง
뻬 야-ㅇ 라이 바-ㅇ

ครับ 크랍 남자
ค่ะ 카 여자

요즘 어떠십니까?

สบายดีไหม
싸바-이 디- 마이

ครับ 크랍
คะ 카

요즘 어떠십니까?

สบายดี
싸바-이 디-

ครับ 크랍
ค่ะ 카

괜찮습니다. 잘 지냅니다.

สบาย 싸바-이는 **편안하다, 건강하다**는 뜻으로 상태나 건강을 나타낼 때 사용해.

แล้วคุณล่ะ
래́-우 쿤 라̂

ครับ
크́랍

คะ
카́

당신은요?, 당신은 어떻습니까?

ไม่ค่อยสบายดี
마̂이 커̂-이 싸바-이 디-

ครับ
크́랍

ค่ะ
카̂

기분이 별로입니다, 아픕니다.

แล้วคุณล่ะคะ
래́-우 쿤 라̂ 카́
당신은요?, 당신은 어떻습니까?

ไม่ค่อยสบายดีครับ
마̂이 커̂-이 싸바-이 디- 크́랍
기분이 별로입니다, 아픕니다.

4. 인사 - 헤어질 때

สวัสดี
싸 왓 디-

ครับ 크랍 남자
ค่ะ 카 여자

안녕히 가세요.

만날 때와 헤어질 때
모두 **สวัสดี** 싸왓디-를 사용해.

แล้วพบกันใหม่
래-우 폽 깐 마이

ครับ 크랍
ค่ะ 카

다음에 또 만나요.

พบ 폽 은 **만나다**는 의미이며
문장은 **그럼 다음에 다시 봅시다**는
의미야.

สวัสดีค่ะ
싸 왓 디- 카
안녕히 가세요.
왜 이래~
자꾸 날 따라하지 말고
어여 가!

สวัสดีค่ะ
싸 왓 디- 카
안녕히 가세요.

5. 감사

ขอบคุณ
커`-ㅂ 쿤

ครับ 크랍 (남자)
ค่ะ 카 (여자)

감사합니다.

ขอบคุณ 커-ㅂ쿤 은 **감사하다**는 뜻으로 예절을 중요시 여기는 태국인은 상대방에게 감사의 표현을 자주 사용해.

ขอบคุณมาก
커`-ㅂ 쿤 마^-ㄱ

ครับ 크랍
ค่ะ 카

매우 감사합니다.

มาก 마-ㄱ 은 **매우, 아주, 많다**는 의미야.

ไม่เป็นไร
마^이 뻬 라-이

ครับ 크랍
ค่ะ 카

별 말씀을요., 괜찮습니다.

6. 사과

ขอโทษ ครับ 남자 죄송합니다.
커̌- 토̂-ㅅ 크́랍

ค่ะ 여자
카̂

ขอโทษ 커-토-ㅅ 은 **미안하다**는 뜻으로
예절을 중요시 여기는 태국인들은
상대방에게 사과의 표현을 자주 사용해.

ขอโทษจริงๆ ครับ 매우 죄송합니다.
커̌- 토̂-ㅅ 찡 찡 크́랍

ค่ะ
카̂

ไม่เป็นไร ครับ 괜찮습니다.
마̂이 뻰 라이 크́랍

ค่ะ
카̂

7. 기타 - 대답

ครับ 크́랍 남자
ค่ะ 카̂ 여자

네.

ใช่ 차̂이

ครับ 크́랍
ค่ะ 카̂

맞습니다.

ไม่ใช่ 마̂이 차̂이

ครับ 크́랍
ค่ะ 카̂

아닙니다.

มี 미̄-

ครับ 크́랍
ค่ะ 카̂

있습니다.

ไม่มี
마̂이 미̄-

ครับ
크́랍

ค่ะ
카̂

없습니다.

เข้าใจแล้ว
카̂오 짜̄이 래́-우

ครับ
크́랍

ค่ะ
카̂

이해하였습니다.

ไม่เข้าใจ
마̂이 카̂오 짜̄이

ครับ
크́랍

ค่ะ
카̂

이해가 안 됩니다.

나 나보다 나이 많아?

ไม่ใช่ครับ
마̂이 차̂이 크́랍
아닙니다.

ทำได้
탐 다이

ครับ
크랍
ค่ะ
카

할 수 있습니다.

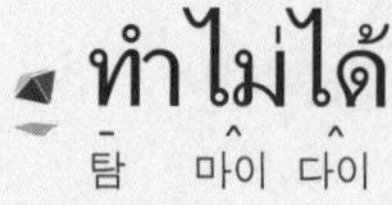

ทำไม่ได้
탐 마이 다이

ครับ
크랍
ค่ะ
카

할 수 없습니다.

태국음식을 만들 줄 알아요?

ทำได้ครับ
탐 다이 크랍
할 수 있습니다.

8. 기타 - 여러 가지 질문과 표현

TRACK 18

ฮัลโหล
한 로-

(통화 시) 여보세요.

นี่อะไร
니- 아 라이

ครับ 크랍 (남자)
คะ 카 (여자)

이것이 무엇입니까?

นี่เท่าไร
니- 타오 라이

ครับ 크랍
คะ 카

이것은 얼마입니까?

가격을 물어볼 때 사용하는 말이야.

ใช่ไหม
차이 마이

ครับ 크랍
คะ 카

맞습니까?

떠 (ต่อ)

성민(ซองมิน)

지영 (จียอง)

폰(ฝน)

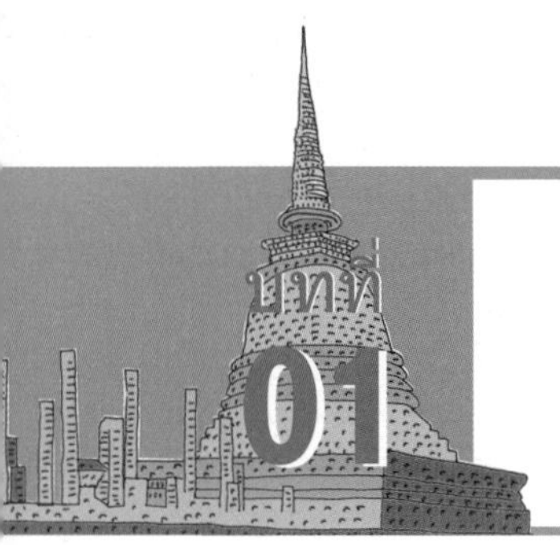

싸 왓 디- 인 디- 티- 다이 루- 짝

สวัสดี ยินดีที่ได้รู้จัก

안녕하세요, 만나서 반갑습니다.

폰(ฝน) สวัสดีค่ะ ยินดีที่ได้รู้จักค่ะ
싸 왓 디- 카 인 디- 티-다이 루- 짝 카

성민(ซองมิน) สวัสดีครับ ยินดีที่ได้รู้จักครับ
싸 왓 디- 크랍 인 디- 티-다이 루-짝 크랍

ดิฉันชื่อฝนค่ะ ขอโทษค่ะ คุณชื่ออะไรคะ
디 찬 츠- 폰 카 커- 토-ㅅ 카 쿤 츠- 아라이 카

ผมชื่อซองมิน นามสกุลคิมครับ
폼 츠- 써-ㅇ 민 나-ㅁ 싸 꾼 킴 크랍

สวัสดีค่ะ แล้วพบกันใหม่ค่ะ
싸 왓 디- 카 래-우 폽 깐 마이 카

สวัสดีครับ แล้วพบกันใหม่ครับ
싸 왓 디- 크랍 래-우 폽 깐 마이 크랍

폰(ฝน)과 성민(ซองมิน)은 서로 처음 만나 인사를 한다. 폰은 여자, 성민은 남자이다.

폰 안녕하세요, 만나서 반갑습니다.

성민 안녕하세요, 만나서 반갑습니다.

폰 제 이름은 폰입니다. 실례지만, 당신의 이름은 무엇입니까?

성민 제 이름은 성민이고, 성은 김입니다.

폰 안녕히 가세요. 또 만나요.

성민 안녕히 가세요. 다음 기회에 또 만나요.

단어 TRACK 20

- สวัสดี 싸왓디– 안녕
- ค่ะ 카 문장 끝에 붙이는 존칭 어조사 여자
- ยินดี 인디– 반갑다
- ได้ 다이 과거를 나타내는 조동사
- ดิฉัน 디찬 저 여성의 정중한 일인칭 대명사
- คุณ 쿤 당신 2인칭 대명사, ~씨 이름 앞에 사용하여 존칭을 나타냄
- ชื่อ 츠– 이름
- อะไร 아라이 무엇
- แล้ว 래–우 완료를 나타내는 조동사, 접속사 그리고, 후에, 나중에
- พบ 폽 만나다
- ใหม่ 마이 다시
- ครับ 크랍 문장 끝에 붙이는 존칭 어조사 남자
- คะ 카 의문문 끝에 붙이는 존칭 어조사 여자
- ที่ 티– ~해서
- รู้จัก 루–짝 알다
- ผม 폼 나, 저 남성의 일인칭 대명사
- ขอโทษ 커–토–ㅅ 미안하다, 실례하다
- นามสกุล 나–ㅁ싸꾼 성
- กัน 깐 서로, 함께

01 아주 쉬운 해설

I. สวัสดี 안녕.

1 **สวัสดี** 싸왓디- 는 **안녕**이란 뜻으로 사람을 만나거나 헤어질 때 사용하는 단어이다. 손윗사람이나 업무상 혹은 처음 만나는 사람에게는 남자는 **ครับ** 크랍, 여자는 **ค่ะ** 카 를 붙여 정중한 표현을 사용해야 한다.

2 **สวัสดี** 싸왓디- 뒤에 상대방의 이름이나 호칭을 붙여 인사를 하기도 하지만 생략하여도 무방하다. 손윗사람이나 업무상 혹은 처음 만나는 사람에게는 이름 앞에 **~씨**, **당신**이란 뜻의 **คุณ** 쿤 을 붙여 부른다.

สวัสดีครับคุณฝน
싸왓디- 크랍 쿤폰
화자가 남자일 때 안녕하세요, 폰 씨.

สวัสดีค่ะคุณซองมิน
싸왓디-카 쿤 써-ㅇ민
화자가 여자일 때 안녕하세요, 성민 씨.

2. ยินดีที่ได้รู้จัก 만나서 반갑습니다.

ยินดีที่ได้รู้จัก 인디- 티-다이 루-짝 는 은 사람을 처음 알게 되었을 때 **만나서 반갑다**라는 의미로 사용하는 표현이다. 남자는 **ครับ**크랍, 여자는 **ค่ะ**카를 붙여 정중하게 표현하여야 한다.

ยินดีที่ได้รู้จัก + ครับ
인디- 티-다이 루-짝 크랍

남자 만나서 반갑습니다.

ยินดีที่ได้รู้จัก + ค่ะ
인디- 티-다이 루-짝 카

여자 만나서 반갑습니다.

3. ขอโทษ คุณชื่ออะไร 실례지만, 이름이 무엇입니까?

1 **ขอโทษ** 커-토-ㅅ은 영어의 Excuse me에 해당하며, **실례하다, 미안하다**의 뜻이다.

ขอโทษ + ครับ
커-토-ㅅ 크랍

남자 실례합니다, 죄송합니다.

ขอโทษ + ค่ะ
커-토-ㅅ 카

여자 실례합니다, 죄송합니다.

2 **คุณชื่ออะไร** 쿤 츠- 아라이 는 **당신의 이름은 무엇입니까?**이란 라는 뜻을 가진 의문문으로, 손윗사람이나 업무상 혹은 처음 만나는 사람에게는 남자는 **ครับ** 크랍, 여자는 **คะ** 카 를 붙여 정중한 표현을 사용하여 물어보아야 한다.

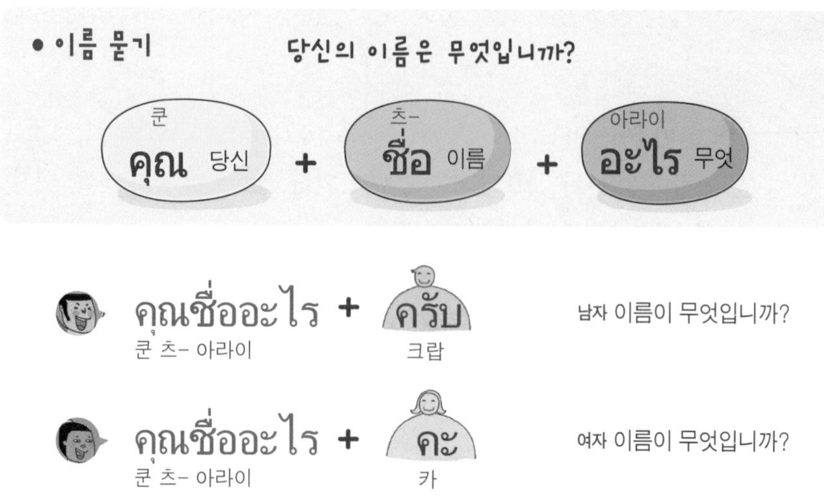
• 이름 묻기
당신의 이름은 무엇입니까?
쿤
คุณ 당신
+
츠-
ชื่อ 이름
+
아라이
อะไร 무엇
คุณชื่ออะไร + ครับ
쿤 츠- 아라이
크랍
남자 이름이 무엇입니까?
คุณชื่ออะไร + คะ
쿤 츠- 아라이
카
여자 이름이 무엇입니까?

4. ผมชื่อซองมิน นามสกุลคิมครับ

제 이름은 성민이고, 성은 김입니다.

ชื่อ 츠- 는 이름, **นามสกุล** 나-ㅁ 싸꾼 은 **성**을 나타낸다. 태국인은 본명이 길어 짧은 별명을 지어 사용하며 공식적인 자리를 제외하고는 별명으로 통성명을 하는 경우가 많다.

ผมชื่อซองมิน
폼 츠- 써-ㅇ 민
제 이름은 성민입니다.

นามสกุลคิมครับ
남-싸꾼 킴 크랍
성은 김입니다.

ดิฉันชื่อจียอง
디찬 츠- 지-여-ㅇ

제 이름은 지영입니다.

นามสกุลลีค่ะ
나-ㅁ싸꾼 리- 카

성은 이입니다.

5. แล้วพบกันใหม่ 또 만나요.

แล้วพบกันใหม่ 래-우 폽깐 마이 는 상대방과 헤어질 때 **또 만나요**라는 의미로 사용하는 표현이다. 손윗사람이나 업무상 혹은 처음 만나는 사람에게는 남자는 **ครับ** 크랍, 여자는 **ค่ะ** 카 를 붙여 정중한 표현을 사용해야 한다.

แล้วพบกันใหม่ + ครับ
래-우 폽깐 마이 크랍

남자 또 만나요.

แล้วพบกันใหม่ + ค่ะ
래-우 폽깐 마이 카

여자 또 만나요.

태국에서 통하는 회화 따라하기

01 자기 소개하기

สวัสดีครับ 안녕하세요.
싸왓 디- 크랍

ยินดีที่ได้รู้จักครับ 만나서 반갑습니다.
인 디-티-다이루-짝 크랍

ผมชื่อซองมินครับ 저는 성민입니다.
폼 츠- 써-ㅇ 민 크랍

남자는 자신을 지칭할 때 ผม 폼 이라 말해.

ผม 폼과 ดิฉัน 디찬 보다 더 존칭인 자기 지칭 표현은 หนู 누- 로 남자와 여자 모두 사용이 가능하나 남자의 경우 어릴 때만 사용하고 어른이 되어서는 잘 사용하지 않아. 어린이가 어른에게 혹은 존경하거나 나이가 많이 차이 나는 윗사람에게 자신을 낮추어 말할 때 หนู 누- 라고 하며 동시에 어른이 어린이를 부를 때에도 หนู 누- 라고 부를 수 있어.

สวัสดีค่ะ 안녕하세요.
싸 왓 디- 카

ยินดีที่ได้รู้จักค่ะ 만나서 반갑습니다.
인 디- 티-다이 루-짝 카

ดิฉันชื่อมินจี นามสกุลปาร์คค่ะ 제 이름은 민지이고, 성은 박입니다.
디 찬 츠- 민 찌- 나-ㅁ 싸 꾼 빠-ㄱ 카

여자는 자신을 지칭할 때, 손윗사람이나 처음 보는 사람에게는 ดิฉัน 디찬, 친한 사이에서는 ฉัน 찬 이라고 말할 수 있어. ดิฉัน 디찬 은 1성+4성 으로 발음하나 ฉัน 찬 은 3성, 4성 모두 사용 가능해.

02 존칭어 사용하기

สวัสดี 싸 왓 디̄-	ครับ / ค่ะ 크랍́ 카̂		안녕하세요.
ยินดีที่ได้รู้จัก 인디̄- 티̂-다̂이 루́-짝	ครับ / ค่ะ 크랍́ 카̂		만나서 반갑습니다.
ขอโทษ คุณชื่ออะไร 커̌- 토̂-ㅅ 쿤 츠̂- 아̀라̄이	ครับ / คะ 크랍́ 카́		실례하지만 성함이 어떻게 되십니까?
ผมชื่อยองมิน 폼 츠̂- 여̄-ㅇ민	ครับ 크랍́		저는 영민입니다.
ดิฉันชื่อมินยอง 디 찬̌ 츠̂- 민 여̄-ㅇ	ค่ะ 카̂		저는 민영입니다.
แล้วพบกันใหม่ 래́-우 폽 깐 마̀이	ครับ / ค่ะ 크랍́ 카̂		또 뵙겠습니다.

손윗사람이나 업무상 혹은
처음 만나는 사람에게는 **남자**는 **ครับ** 크랍,
여자는 **평서문, 부정문**일 때 **ค่ะ** 카,
의문문일 때 **คะ** 카를 붙여
정중한 표현을 사용해야 해.

태국의 행정구역

태국으로
이번 여행을 떠날까 해~
아~생각만 해도
행복하다~~

뭐래? 그냥 겨울옷
좀 챙겨 가믄되지?

왜 이래!!
파카입고 찜질방 다니는
사람처럼...
거긴 열대몬순기후로 우기
6~10월, 건기 11~3월로
일년 중 우기가 시작되기
직전인 4월이 가장 더워.
연평균 기온은 28도거든.

■ **면적**	513,120 km2
■ **인구**	약 7천만 명
■ **수도**	방콕
■ **언어**	타이어
■ **기후**	열대몬순기후
■ **종교**	불교 95%, 기타 5% 이슬람교, 기독교, 천주교 등
■ **GDP**	3,863억 달러 2015년 기준

난 좀 보있는
뼈대있는
사람
한번 만나보고
싶다곳!

오케이~
나 델꼬 갈꺼지?
무에타이 본격적으로
한번 배워 보장~

태국은 크게 다섯 지방으로 나눌 수 있어.
어디로 갈건지는 같이 정해보자~
적당히 휴양지로 가지?
중부 지방
태국의 수도인 방콕을 중심으로 한 중부 지방
북부 지방
라오스, 미얀마와 경계를 이루는북부 지방은 태국 초기 문화의 발상지로 여러 고산족들이 거주하고 있으며 아름다운 문화 유산을 간직한 지역이야. 대표적인 도시로는 치앙마이, 쑤코타이, 치앙라이 등이 있어.
북부
북동부
동부 지방
타이 만을 따라 해안 관광지와 산업단지가 발달해 있으며 캄보디아와 맞닿아 있어.
중부
북동부 지방
번영과 광활함을 뜻하는 이싼이라는 별칭으로 불리는 지역으로, 전 국토의 3분의 1을 차지하고 있어. 라오스와 인접해 있지.
남부 지방
동쪽으로는 타이 만, 서쪽으로는 인도양의 안다만 해와 접해있어. 아름다운 해변으로 전세계적으로 유명해. 남부 지방의 대표적인 지역으로는 쑤랏타니, 푸켓, 쏭클라가 있으며 최남단 지역은 말레이시아와 국경을 마주하고 있어.
동부
우린 남부 푸켓으로 갈꺼야!!
남부

크 러-ㅂ 크루어 커-ㅇ 쿤 미- 끼- 콘

ครอบครัวของคุณมีกี่คน

가족이 몇 명입니까?

ครอบครัวของคุณมีกี่คนคะ

크 러-ㅂ 크루어 커-ㅇ 쿤 미-끼-콘 카

ครอบครัวของผมมีสมาชิก 4 คน

크러-ㅂ 크루어 커-ㅇ 폼 미- 싸마-칙 씨- 콘

มีคุณพ่อ คุณแม่ ผม และ น้องสาว

미- 쿤 퍼- 쿤 매- 폼 래 너-ㅇ 싸-우

น้องสาวของคุณอายุเท่าไรคะ

너-ㅇ 싸-우 커-ㅇ 쿤 아-유 타오라이 카

อายุ 20 ครับ อายุน้อยกว่าผม 5 ปีครับ

아-유 이-씹 크랍 아-유 너-이 꽈- 폼 하- 삐- 크랍

น้องสาวของคุณเป็นนักศึกษาหรือคะ

너-ㅇ 싸-우 커-ㅇ 쿤 뻰 낙 쓱 싸- 르- 카

ใช่ครับ เธอเป็นนักศึกษาครับ

차이 크랍 트ㅓ- 뻰 낙 쓱 싸- 크랍

폰이 성민의 가족에 대해 묻고 있다.

폰 당신의 가족은 몇 명입니까?

성민 제 가족은 4명입니다. 아버지, 어머니, 그리고 여동생이 있습니다.

폰 당신의 여동생은 몇 살입니까?

성민 20살입니다. 저보다 5살 어립니다.

폰 당신의 여동생은 대학생입니까?

성민 그렇습니다. 그녀는 대학생입니다.

단어

TRACK 24

- ครอบครัว 크러-ㅂ크루어 가족
- คุณ 쿤 당신 2인칭 대명사, ~씨 이름 앞에 사용하여 존칭을 나타냄
- มี 미- 있다, 소유하다, 존재하다
- คน 콘 사람, 유별사 ~명
- พ่อ 퍼- 아버지
- น้องสาว 너-ㅇ싸-우 여동생
- อายุ 아-유 나이
- ยี่สิบ 이-씹 숫자 20
- กว่า 꽈- ~보다
- ปี 삐- 해, 년, 나이 세
- นักศึกษา 낙쓱싸- 대학생
- ใช่ 차이 네, 예, 맞다
- ของ 커-ㅇ ~의 소유격을 나타낼 때 사용
- กี่ 끼- 몇
- สมาชิก 싸마-칙 구성원
- แม่ 매- 어머니
- และ 래 그리고, ~와
- เท่าไร 타오라이 수식사 얼마나, 몇
- น้อย 너-이 적다
- ห้า 하- 숫자 5
- เป็น 뻰 ~이다
- หรือ 르- 의문조사 ~요?, 혹은, 또는
- เธอ 트ㅓ- 여자를 지칭하는 대명사 그녀

02 아주 쉬운 해설

1. ครอบครัวของคุณมีกี่คน 당신의 가족은 몇 명입니까?

1 **ของ** 커-ㅇ 은 ~의란 뜻의 단어이다. 명사 앞에 붙여 사용하며, 생략도 가능하다.

- ครอบครัว + ของ + คุณมีกี่คน
  크러-ㅂ 크루어 커-ㅇ 쿤 미- 끼- 콘
  당신의 가족은 몇 명입니까?

- ครอบครัว + 생략 + คุณมีกี่คน
  크러-ㅂ 크루어 쿤 미- 끼- 콘
  당신의 가족은 몇 명입니까?

2 **มี** 미- 는 **있다, 소유하다, 존재하다**의 뜻으로 소유, 존재 등을 나타내는 동사이다. **มีกี่คน** 미- 끼- 콘 은 **몇 명이다**란 표현으로 의문문 끝에 붙이는 존칭어조사인 남자는 **ครับ** 크랍, 여자는 **ค่ะ** 카 를 붙여 **몇 명입니까?, 몇 명이 있습니까?**로 가족의 수나 구성원의 수를 물어볼 때 사용한다.

มีกี่คน + ครับ
미- 끼- 콘
크랍

남자 몇 명입니까?, 몇 명이 있습니까?

มีกี่คน + ค่ะ
미- 끼- 콘
카

여자 몇 명입니까?, 몇 명이 있습니까?

- ครอบครัวของคุณมีกี่คน 당신의 가족은 몇 명입니까?
  크러-ㅂ 크루어 커-ㅇ 쿤 미-끼-콘

- น้องสาวของคุณมีกี่คนคะ 당신은 여동생이 몇 명 있습니까?
  너-ㅇ 싸-우 커-ㅇ 쿤 미-끼-콘 카

2. ครอบครัว 가족

가족 구성원을 나타내는 단어는 다음과 같으며, 웃어른에게는 이름 앞에 사용하여 존칭을 나타내는 **คุณ** 쿤 을 사용하여 공손히 불러야 한다.

TRACK 25
อา 아–
숙부, 고모
ลุง 룽
백부
ป้า 빠–
고모 백모, 큰이모, 외숙모
น้า 나–
작은 이모, 작은 외삼촌
พี่ 피 – 형, 누나, 언니 등 나이가 많은 형제나 선배를 일컫는 말
พี่ชาย
피–차–이
형, 오빠
พี่สาว
피–싸–우
누나, 언니
น้อง
너–ㅇ
동생
น้องชาย
너–ㅇ차–이
남동생
น้องสาว
너–ㅇ싸–우
여동생
ลูก
루–ㄱ
자식
ลูกชาย
루–ㄱ차–이
아들
ลูกสาว
루–ㄱ싸–우
딸
ลูกพี่ลูกน้อง
루–ㄱ 피– 루–ㄱ 너–ㅇ
사촌 형제 자매
หลาน
라–ㄴ
손자, 손녀, 조카

3. อายุเท่าไร 나이가 몇 살입니까?

1 อายุเท่าไร 아-유 타오라이는 상대방의 **나이**를 묻는 표현이다.

- พี่ชายของคุณอายุเท่าไร 당신의 형/오빠는 몇 살입니까?
  피-차-이 커-ㅇ 쿤 아-유 타오라이
- น้องสาวของคุณอายุเท่าไร 당신의 여동생은 몇 살입니까?
  너-ㅇ싸-우 커-ㅇ 쿤 아-유 타오라이

2 มาก 마-ㄱ **많다**, น้อย 너-이 **적다**, เท่ากัน 타오깐 **같다** 의 단어를 사용하여 나이를 비교할 수 있다.

너-이 น้อย 적다 《 타오깐 เท่ากัน 같다 《 마-ㄱ มาก 많다

- อายุ + มาก + กว่าห้าปี 다섯 살 많습니다
  아-유 마-ㄱ 꽈- 하- 삐-
- อายุ + น้อย + กว่าสี่ปี 네 살 어립니다
  이-유 너-이 꽈- 씨- 삐-
- อายุ + เท่ากัน 나이가 같습니다
  아-유 타오깐

1. น้องสาวของคุณเป็นนักศึกษาหรือคะ

당신의 여동생은 대학생입니까?

1 เป็น 뻰 은 ~이다라는 의미의 be 동사로 직업, 역할을 나타낼 때 쓰인다.

เป็น 뻰	+ นักศึกษา 낙쓱싸-	대학생입니다.
	+ นักเรียน 낙리-얀	학생(초/중/고)입니다.
	+ ครู 크루-	선생님입니다.
	+ คุณพ่อ 쿤퍼-	아버지입니다.
	+ คุณแม่ 쿤매-	어머니입니다.
	+ น้องสาว 너-ㅇ싸-우	여동생입니다.

2 หรือ 르- 는 문장 끝에 붙어 ~요?, 혹은, 또는 등의 뜻을 나타내는 의문조사이다. 의문문을 만들 때나 상대방의 행동, 의사, 상황 등을 확인할 때 사용한다. หรือ 르- 다음에 부정부사 ไม่ 마이 를 붙이면 상대방에게 긍정과 부정에 대한 확인을 할 때 사용하는 หรือไม่ 르- 마이 (이것이)맞습니까? 라는 표현이 된다.

- คุณเป็นนักศึกษา + หรือ　　당신은 대학생입니까?
  쿤 뻰 낙쓱싸-　　르-

- คุณเป็นครู + หรือ　　당신은 선생님입니까?
  쿤 뻰 크루-　　르-

- คุณเป็นอาจารย์ + หรือไม่　　당신은 교수님입니까, 아닙니까?
  쿤 뻰 아-짜-ㄴ　　르- 마이

- คุณเป็นตำรวจ + หรือไม่　　당신은 경찰관입니까, 아닙니까?
  쿤 뻰 땀루-엇　　르- 마이

3 상대방의 질문에 대한 답이 긍정일 때에는 **네, 예, 맞다** 라는 뜻의 ใช่ 차이 를, 부정일 때에는 **아니오**란 뜻의 ไม่ใช่ 마이 차이 를 사용하여 의사를 표현한다.

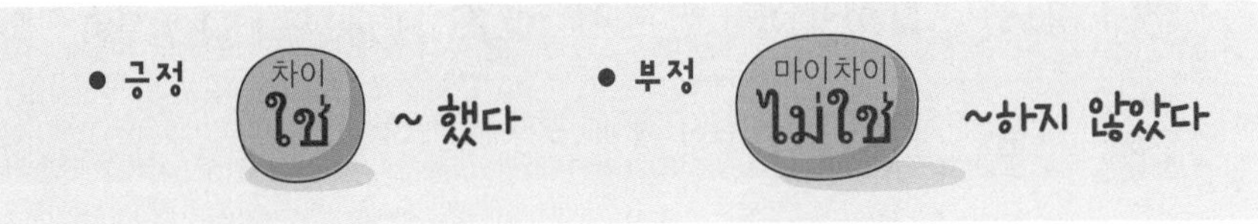

- ใช่ เธอเป็นนักศึกษา　　맞습니다. 그녀는 대학생입니다.
  차이 트ㅓ- 뻰 낙쓱싸-

- ใช่ เขาเป็นอาจารย์　　맞습니다. 그는 교수님입니다.
  차이 카오 뻰 아-짜-ㄴ

- ไม่ใช่ ผมเป็นครู　　아닙니다. 저는 교사입니다.
  마이차이 폼 뻰 크루-

- ดิฉันไม่ใช่หมอ　　저는 의사가 아닙니다.
  디찬 마이차이 머-

01 숫자 표현하기

0	๐	ศูนย์	쑤ˇ-ㄴ	7	๗	เจ็ด	쩻̀
1	๑	หนึ่ง	능̀	8	๘	แปด	빼̀-ㅅ
2	๒	สอง	써ˇ-ㅇ	9	๙	เก้า	까̂오
3	๓	สาม	싸ˇ-ㅁ	10	๑๐	สิบ	씹̀
4	๔	สี่	씨̀-	11	๑๑	สิบเอ็ด	씹̀ 엣̀
5	๕	ห้า	하̂-	12	๑๒	สิบสอง	씹̀ 써ˇ-ㅇ
6	๖	หก	혹̀	15	๑๕	สิบห้า	씹̀ 하̂-

20	๒๐	ยี่สิบ	이̂-씹̀	23	๒๓	ยี่สิบสาม	이̂-씹̀ 싸ˇ-ㅁ
21	๒๑	ยี่สิบเอ็ด	이̂-씹̀ 엣̀	27	๒๗	ยี่สิบเจ็ด	이̂-씹̀ 쩻̀
22	๒๒	ยี่สิบสอง	이̂-씹̀ 써ˇ-ㅇ				

100	๑๐๐	ร้อย หนึ่งร้อย	러́-이 능̀ 러́-이
101	๑๐๑	ร้อยเอ็ด หนึ่งร้อยเอ็ด	러́-이 엣̀ 능̀ 러́-이 엣̀

태국어 숫자는 아라비아 숫자와 고유숫자를 혼용하여 사용해. 1의 경우는 10이상의 숫자에서 1이 일의 자리의 수가 될 경우, 능-이 아닌 엣으로 발음되며, 2의 경우는 10 이상의 숫자에서 2가 십의 자리의 수가 될 경우 써-ㅇ이 아닌 이-로 발음돼.

125	๑๒๕	ร้อยยี่สิบห้า หนึ่งร้อยยี่สิบห้า	러́-이 이̂-씹 하̂- 능̀ 러́-이 이̂-씹̀ 하̂-
239	๒๓๙	สองร้อยสามสิบเก้า	써̌-ㅇ 러́-이 싸̌-ㅁ 씹̀ 까̂오

1,000	천	พัน	판̄	10,000,000	천만	สิบล้าน	씹̀ 라́-ㄴ
10,000	만	หมื่น	므̀-ㄴ	100,000,000	억	ร้อยล้าน	러́-이 라́-ㄴ
100,000	십만	แสน	쌔̌-ㄴ	1,000,000,000	조	ล้านล้าน	라́-ㄴ 라́-ㄴ
1,000,000	백만	ล้าน	라́-ㄴ				

ผมอายุสี่สิบครับ　　저는 40세입니다.
폼 아̄-유́ 씨̀- 씹̀ 크랍́

อายุน้อยกว่าดิฉันยี่สิบเก้าปีค่ะ　　저보다 29살 어립니다.
아̄-유́ 너́-이 꽈̀- 디 찬̌ 이̂-씹̀ 까̂오 삐̄- 카̂

คุณตาอายุแปดสิบหกปี　　외할아버지는 86세입니다.
쿤̄ 따̄- 아̄-유́ 빼̀-ㅅ 씹̀ 혹̀ 삐̄-

นักศึกษามีสองหมื่นเก้าร้อยห้าสิบเอ็ดคน
낙́ 쓱̀ 싸̌- 미̄-써̌-ㅇ 므̀-ㄴ 까̂오 러́-이 하̂- 씹̀ 엣̀ 콘̄

대학생이 20,951명 있습니다.

태국의 역사

태국의 역사에 대해 알아볼까?
흠.. 하긴 그 나라를 알려면 역사를 알아야 하겠네.

근데 난 우리나라 역사도 잘 모르는데.. 어떻게 하지?
태국의 역사를 간략히 설명한다면 수코타이 시대, 아유타야 시대, 톤부리 시대, 그리고 현재의 짝끄리 시대로 구분할 수 있어.

치앙마이
북부
북동부
베트남
중부
방콕
캄보디아
남부
기원전 2세기경부터 중국 남서부 지역에 거주하던 타이족이 중국계 국가의 지배와 영향을 받으며 수 세기에 걸쳐 남쪽으로 이동하여 현재의 태국이 등장하였지.
아~ 타이족이 그렇게 생겨난 거구나..
얼쑤~
흠.. 너무 오버하는거 같은데.. 내가 그렇게 설명을 잘 해 줬나?

수코타이 시대 (1238 ~ 1378년)

태국 수코타이(Sukhothai) 왕국은
13세기에 출현한 여러 소국가 중
가장 번성하였으며, 태국 역사상 최초로
독립된 타이 왕조의 기틀을 형성했어.

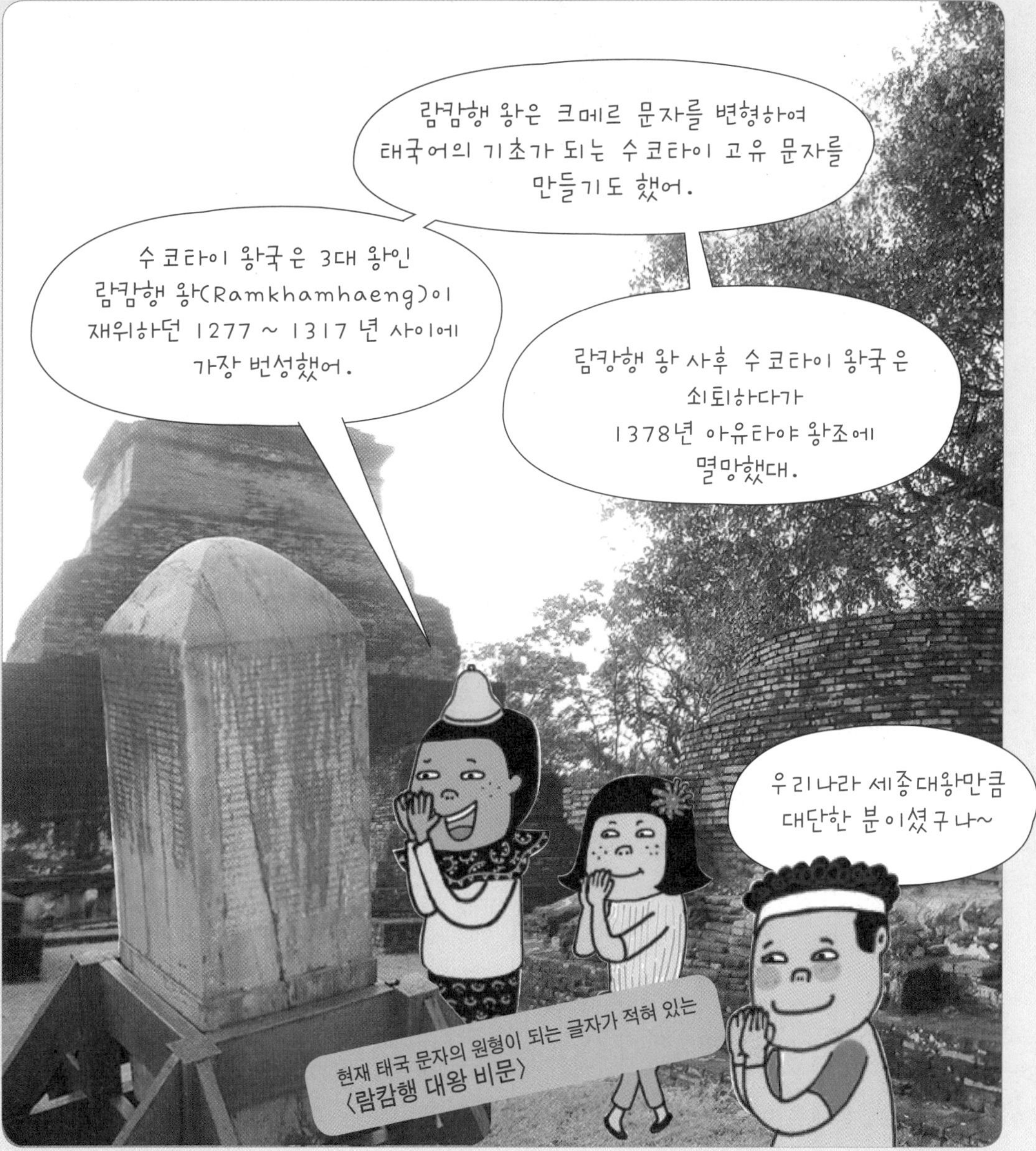

람캄행 왕은 크메르 문자를 변형하여 태국어의 기초가 되는 수코타이 고유 문자를 만들기도 했어.
수코타이 왕국은 3대 왕인 람캄행 왕(Ramkhamhaeng)이 재위하던 1277 ~ 1317 년 사이에 가장 번성했어.
람캉행 왕 사후 수코타이 왕국은 쇠퇴하다가 1378년 아유타야 왕조에 멸망했대.
우리나라 세종대왕만큼 대단한 분이셨구나~

현재 태국 문자의 원형이 되는 글자가 적혀 있는
〈람캄행 대왕 비문〉

아유타야 시대 (1350 ~ 1767년)

아유타야 왕국은 1350년 짜오 프라야 강 하류 롭부리 지역에서 건설되었어. 아유타야 시대에 태국은 불교를 공인하고 법전을 공포하였으며, 왕실 용어와 의전 등도 크메르어에서 도입하여 채택했어.
이 시대에 많은 문화가 정립되었구나~

아유타야 왕국은 14세기 말 수코타이 왕국 등 주변 국가를 복속시키며 왕조의 기반을 조성하였으며, 말레이 반도와 벵골만까지 통치지역을 확대하기도 했지.

16세기 중엽 버마 왕조가 긴 전쟁 끝에 아유타야를 정복하였으나, 나레수언 대왕 재위 1590 ~ 1605년이 버마 군으로부터 독립을 쟁취하고 아유타야 왕국을 재건하였다. 이후 버마 군이 다시 공격하면서 1767년 아유타야 왕국은 멸망하고 말았어.

톤부리 시대 (1767 ~ 1782년)

아유타야 왕조 지방장관이였던 프라야 딱신 장군이 짜오 프라야 하구 서쪽 톤부리에 톤부리 왕조를 세우고 버마 군에 대항하며 아유타야의 과거 영토를 회복했어. 그 결과, 타이 왕국을 재통일하고 북부 치앙마이를 정복하며 타이 왕국의 기반을 닦을 수 있었어.

짝끄리 시대 (1782년~현재)

1782년 톤부리 왕조 딱신 장군의 부하 장수였던 짝끄리가 **라마** Rama **1세** 왕으로 추대되면서 방콕을 수도로 하는 짝끄리 왕조 시대가 시작되었어.

라마 4세 재위 1851 ~ 1868년 때에는 영국과 일명 보링Bowring 조약이라 불리는 우호통상조약을 체결했어. 이는 태국이 외국과 맺은 최초의 조약이자 불평등조약으로, 1855년에 이 조약을 비준할 때 최초로 **싸얌** Siam이라는 국호를 사용했어. 이후 라마 4세는 서양 열강들과 우호통상조약을 체결하며 국내 정치·경제 개혁을 추진했어.

라마 5세인 쭐라롱껀 대왕 재위 1868 ~ 1910 년은 근대지향의 개혁정책 추진, 인재등용을 위한 학교 설립, 새로운 내각제도 도입, 불교 개혁, 사원 교육기능 강화 등 개혁정치를 실시했어. 또한, 영국과 프랑스의 공동선언으로 태국 중립지대화에 합의하기도 했지.

라마 6세 재위 1910 ~ 1925 년 시대에는 태국민족주의가 대두되었어. 이 시기 태국은 연합군의 일원으로 제1차 세계대전에 참전하기도 하였으며, 근대화 개혁을 지속적으로 추진했어.

라마 7세 재위 1925 ~ 1935 년 때인 1932년에는 청년장교, 관료를 중심으로 한 민주개혁 쿠데타가 발생하며 입헌군주제가 도입되었어.

현재의 국왕인 **라마 9세, 푸미폰 대왕**은 1946년에 국왕으로 즉위하여 2016년 즉위 70주년을 맞이하며 태국 국민들의 존경을 한 몸에 받고 있어.

응 아-ㄴ 아 디 렉 커-ㅇ 쿤 크- 아 라이

งานอดิเรกของคุณคืออะไร

당신의 취미는 무엇입니까?

성민(ซองมิน) **งานอดิเรกของคุณคืออะไรครับ**
응 아-ㄴ 아 디 렉 커-ㅇ 쿤 크- 아 라이 크랍

폰(ฝน) **งานอดิเรกของดิฉันคืออ่านหนังสือค่ะ**
응아-ㄴ 아 디 렉 커-ㅇ 디 찬 크- 아-ㄴ 낭 쓰- 카

แล้วคุณล่ะคะ
래-우 쿤 라 카

เล่นกีฬาครับ ผมชอบเล่นกีฬามากครับ
레-ㄴ 낄- 라- 크랍 폼 처-ㅂ 레-ㄴ 낄- 라- 마-ㄱ 크랍

คุณชอบเล่นกีฬาอะไรมากที่สุดคะ
쿤 처-ㅂ 레-ㄴ 낄- 라- 아라이 마-ㄱ 티-쏫 카

ผมชอบเล่นฟุตบอลมากที่สุดครับ
폼 처-ㅂ 레-ㄴ 풋 버-ㄴ 마-ㄱ 티-쏫 크랍

성민과 폰이 서로의 취미에 대해 묻고 있다.

성민 당신의 취미는 무엇입니까?

폰 저의 취미는 독서입니다.

폰 당신의 취미는 무엇입니까?

성민 운동입니다. 저는 운동하는 것을 매우 좋아합니다.

폰 어떤 운동을 하는 것을 제일 좋아합니까?

성민 축구하는 것을 제일 좋아합니다.

단어 TRACK 28

- **งานอดิเรก** 응아-ㄴ아디렉 취미
- **อ่าน** 아-ㄴ 읽다
- **ล่ะ** 라 어조사 의문 · 명령 · 청유문 끝에 사용
- **เล่น** 레-ㄴ 놀다, 운동을 하다, 공을 차다, 악기를 연주하다
- **กีฬา** 낄-라- 운동
  위와 같은 단어의 경우, 단어 내 두 번째 자음 ร, ล, ฬ 가 첫 번째 자음의 받침(종자음) 역할과 두 번째 단어의 초자음 역할을 함께 한다.
- **ชอบ** 처-ㅂ 좋아하다
- **ที่สุด** 티-쏫 가장, 많이
- **คือ** 크- ~이다, 접속사 즉
- **หนังสือ** 낭쓰- 책
- **มาก** 마-ㄱ 많이, 많다, 매우
- **ฟุตบอล** 풋버-ㄴ 축구

아주 쉬운 해설

1. งานอดิเรกของคุณคืออะไร

당신의 취미는 무엇입니까?

คือ 크-는 **~이다** 라는 뜻의 동사로 주어에 대해 설명하는 서술어의 역할을 한다.

งานอดิเรกของดิฉัน + คือ +อ่านหนังสือ
응아-ㄴ아디렉 커-ㅇ 디찬 크- 아-ㄴ 낭쓰-
제 취미는 독서입니다.

นี่ + คือ + อะไร 이것은 무엇입니까?
니- 크- 아라이

นั่น + คือ + กระเป๋า 그것은 가방입니다.
난 크- 끄라빠오

지시대명사					
นี่ 니-	이것	นั่น 난	그것	โน่น 노-ㄴ	저것
지시형용사					
นี้ 니-	이	นั้น 난	그	โน้น 노-ㄴ	저

2. แล้วคุณล่ะ 상대방의 물음에 대답 후 똑같이 질문할 때 **당신은요?**

1 ล่ะ 라 는 의문·명령·청유문 끝에 사용되는 **어조사**이다.

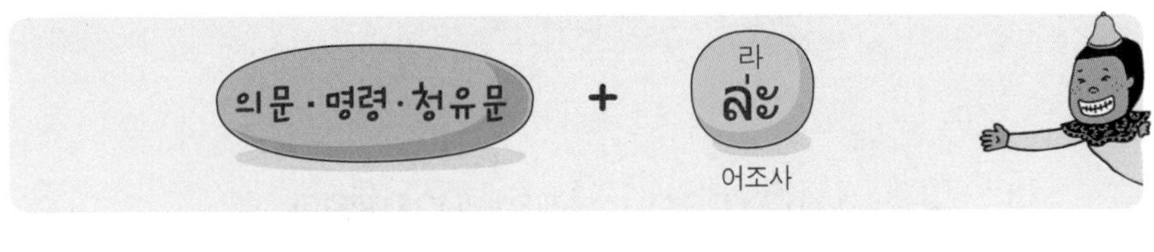

อย่าลืมผมล่ะ 저를 잊지 마세요.
야- 르-ㅁ 폼 라

ทำไมล่ะ 왜?
탐마이 라

อร่อยไหมล่ะ 맛있어?
아러-이 마이 라

2 แล้วคุณล่ะ 래-우 쿤 라 는 상대방의 물음에 대한 대답 후, 똑같은 질문을 상대방에게 물어볼 때 사용하는 표현으로 **당신은요?, 당신은 어떠십니까?**라는 의미이다.

คุณสบายดีหรือคะ 요즘 어떠십니까?
쿤 싸바-이 디- 르- 카

↳ **ผมสบายดีครับ ขอบคุณครับ แล้วคุณล่ะครับ**
폼 싸바-이 디- 크랍 커-ㅂ쿤 크랍 래-우 쿤 라 크랍
전 요즘 좋습니다. 감사합니다. 당신은 어떠십니까?

3. มากที่สุด

최상급을 표현할 때 **제일, 가장**

มากที่สุด 마-ㄱ 티-쑷 은 **제일, 가장**이란 뜻으로 **최상급**을 나타낼 때 표현한다.

● 최상급

제일, 가장

- ผมชอบเล่นไวโอลินมากที่สุด
  폼 처-ㅂ 레-ㄴ 와이 오-린 마-ㄱ 티-쑷
  저는 바이올린 연주를 하는 것을 가장 좋아합니다.
- ดิฉันชอบเล่นสกีมากที่สุด 저는 스키 타는 것을 가장 좋아합니다.
  디찬 처-ㅂ 레-ㄴ 싸끼- 마-ㄱ 티-쑷
- คนที่อายุมากที่สุดในโลก 세계에서 가장 나이 많은 사람
  콘 티- 아-유 마-ㄱ 티-쑷 나이 로-ㄱ

태국에서 통하는 회화 따라하기

01 운동

운동하다, 공을 차다

+

운동 명

치다

+

운동 명

주로 **เล่น** 레-ㄴ 운동하다, 공을 차다 **+ 명사 (운동 명)**
혹은 **ตี** 띠- 치다 **+ 명사 (운동 명)** 용법으로
취미인 운동을 하는 것을 표현할 수 있어.

야구 등과 같은 운동의 태국어 발음은 표기된 바에 따르나
영어 발음에 비슷하게 발음되기도 해.
영어로부터 온 단어를 발음하는 경우, 단어 맨 마지막 발음이
평성임에 상관없이 흔히 2성으로 발음돼.

เล่นฟุตบอล
레-ㄴ 풋버-ㄴ
축구를 하다

เล่นเบสบอล
레-ㄴ 베-ㅅ버-ㄴ
야구를 하다

เล่นบาสเกตบอล
레-ㄴ 바-ㅅ 껫버-ㄴ
농구를 하다

เล่นวอลเลย์บอล
레-ㄴ 워-ㄴ레-버-ㄴ
배구를 하다

เล่นโบว์ลิ่ง
레-ㄴ 보-링
볼링을 하다

เล่นสกี
레-ㄴ 싸끼-
스키를 타다

เล่นสโนว์บอร์ด
레-ㄴ 싸노-버-ㅅ

스노우보드를 타다

เล่นมวยไทย
레-ㄴ 무-어이타이

무에타이(태국식 권투)를 하다

เล่นแบดมินตัน
레-ㄴ 배-ㅅ민딴

배드민턴을 치다

ตีกอล์ฟ
띠- 꺼-ㅍ

골프를 치다

ตีปิงปอง
띠- 삥뻐-ㅇ

탁구를 치다

ตีสควอช
띠- 싸쿼-ㅅ

스쿼시를 하다

เล่นเทนนิส , ตีเทนนิส
레-ㄴ 테-ㄴ닛　　띠- 테-ㄴ닛

테니스를 치다

ว่ายน้ำ
와-이 남

수영하다

02 악기 연주

(악기를) 연주하다, 놀다

เล่น 레-ㄴ + **취미**는 (악기를) 연주하다, 놀다 등의 의미가 있어. 따라서, 악기 연주와 컴퓨터 게임, 인터넷 서비스를 이용할 때에도 사용해.

- **เล่นกีต้าร์** 레-ㄴ 끼-따- — 기타를 치다
- **เล่นเชลโล** 레-ㄴ 체-ㄴ로- — 첼로를 켜다
- **เล่นเปียโน** 레-ㄴ 삐-야노- — 피아노를 치다
- **เล่นไวโอลิน** 레-ㄴ 와이오-린 — 바이올린을 켜다
- **เล่นเกม** 레-ㄴ 께-ㅁ — 게임을 하다
- **เล่นไลน์** 레-ㄴ 라인 — 라인을 하다
- **เล่นเฟสบุ๊ค** 레-ㄴ 페-ㅅ북 — 페이스북을 하다
- **เล่นคอมพิวเตอร์** 레-ㄴ 커-ㅁ피우떠- — 컴퓨터를 하다

03 기타 활동

ฟังเพลง 음악을 듣다
팡 플-랭

ดูหนัง 영화를 감상하다
두- 낭

ถ่ายรูป 사진을 찍다
타-이 루-ㅂ

อ่านหนังสือ 책을 읽다
아-ㄴ 낭쓰-

ท่องเที่ยว 여행하다
터-ㅇ 티-여우

ทำอาหาร 요리를 하다
탐 아-하-ㄴ

สะสมแสตมป์ 우표를 수집하다
싸쏨 싸때-ㅁ

ไปชมเบสบอล , ไปดูเบสบอล 야구를 관람하다
빠이 촘 베-ㅅ버-ㄴ 빠이 두- 베-ㅅ버-ㄴ

04 취미 묻고 답하기

응아-ㄴ아디렉 커-ㅇ 폼/디찬 크-
งานอดิเรกของผม(ดิฉัน)คือ + 취미 제 취미는 ~입니다

폼(디찬) 처-ㅂ
ผม(ดิฉัน)ชอบ + 취미 저는 ~(하는것)을 좋아합니다.

งานอดิเรกของคุณคืออะไรครับ
응아-ㄴ아디 렉 커-ㅇ 쿤 크- 아라이 크랍
당신의 취미는 무엇입니까?

งานอดิเรกของดิฉันคือทำอาหารค่ะ แล้วคุณล่ะคะ
응아-ㄴ아디 렉 커-ㅇ 디 찬 크- 탐 아-하-ㄴ 카 래-우 쿤 라 카
제 취미는 요리하기입니다. 당신은요?

본인의 취미를 말할 때에는 **제 취미는 ~입니다**라는 뜻의 **งานอดิเรกของผม(ดิฉัน)คือ + 취미** 응아-ㄴ아디렉 커-ㅇ 폼(디찬) 크- 로 표현해.

ผมชอบเล่นโบว์ลิ่งครับ
폼 처-ㅂ 레-ㄴ 보-링 크랍
저는 볼링하는 것을 좋아합니다.

혹은 **좋아하다**라는 의미의 **ชอบ** 처-ㅂ 을 사용하여 **ผม(ดิฉัน)ชอบ + 취미** 폼(디찬) 처-ㅂ 로 표현할 수도 있어.

폼 (디 찬) 뻰 콘 까올리-

ผม(ดิฉัน)เป็นคนเกาหลี

저는 한국 사람입니다.

폰(ฝน)

คุณเป็นคนจีนหรือคะ
쿤 뻰 콘 찌-ㄴ 르- 카

성민(ซองมิน)

ไม่ใช่ครับ ผมเป็นคนเกาหลีครับ
마이 차이 크랍 폼 뻰 콘 까올리- 크랍

คุณมาจากไหนครับ
쿤 마- 짜-ㄱ 나이 크랍

ดิฉันมาจากประเทศไทยค่ะ
디 찬 마- 짜-ㄱ 쁘라 테-ㅅ 타이 카

คุณเป็นคนไทยหรือครับ
쿤 뻰 콘 타이 르- 크랍

ผมพูดภาษาไทยได้ครับ
폼 푸-ㅅ 파- 싸- 타이 다이 크랍

จริงหรอคะ ดิฉันพูดภาษาเกาหลีไม่ได้ค่ะ
찡 러- 카 디 찬 푸-ㅅ 파- 싸- 까올리- 마이 다이 카

폰과 성민이 서로의 국적과 외국어 구사능력에 대해 대화를 나누고 있다.

폰 당신은 중국인입니까?

성민 아니요, 저는 한국인입니다.
당신은 어디에서 오셨습니까?

폰 저는 태국에서 왔습니다.

성민 태국 사람이세요?
저는 태국어를 말할 수 있습니다.

폰 정말이에요? 저는 한국어를 말할 수 없습니다.

단어 TRACK 34

- คน 콘 사람 국적 앞에 붙여 ~인을 나타냄. 예 คนเกาหลี 한국인, 한국 사람
- จีน 찌-ㄴ 중국
- มา 마- 오다
- ไหน 나이 어디에, 어느
- ประเทศ 쁘라테-ㅅ 나라, 국가, 지역
- พูด 푸-ㅅ 말하다
- ไม่ได้ 마이다이 할 수 없다
- เกาหลี 까올리- 한국
- จาก 짜-ㄱ ~에서
- ไทย 타이 태국
- ภาษา 파-싸- 언어
- ได้ 다이 과거와 가능을 나타내는 조동사 할 수 있다
- จริง 찡 진짜다, 사실이다, 확실하다

04 아주 쉬운 해설

1. ผม(ดิฉัน)เป็นคนเกาหลี 저는 한국 사람입니다.

1 **เป็น** 뻰 + **คน** 콘 + **나라 이름/도시** 라는 표현으로 본인 혹은 상대방의 국적이나 출신도시를 묻고 대답할 수 있다.

● 국적이나 출신도시 표현

+ 나라 이름/도시

- ผมเป็นคนญี่ปุ่น 저는 일본 사람입니다.
  폼 뻰 콘 이- 뿐
- ดิฉันเป็นคนเยอรมัน 저는 독일 사람입니다.
  디찬 뻰 콘 여-라만
- เขาเป็นคนเวียดนาม 그는 베트남 사람입니다.
  카오 뻰 콘 위-앗나-ㅁ
- ครูเป็นคนอเมริกา 선생님은 미국 사람입니다.
  크루- 뻰 콘 아메-리까-
- คุณเป็นคนเชียงใหม่หรือ 당신은 치앙마이 사람입니까?
  쿤 뻰 콘 치-앙마이 르-

2 해당 언어를 지칭할 때는 **ภาษา** 파–싸– + **나라 이름**을, 국가를 지칭할 때는 **ประเทศ** 쁘라테–ㅅ + **나라 이름**을 사용한다.

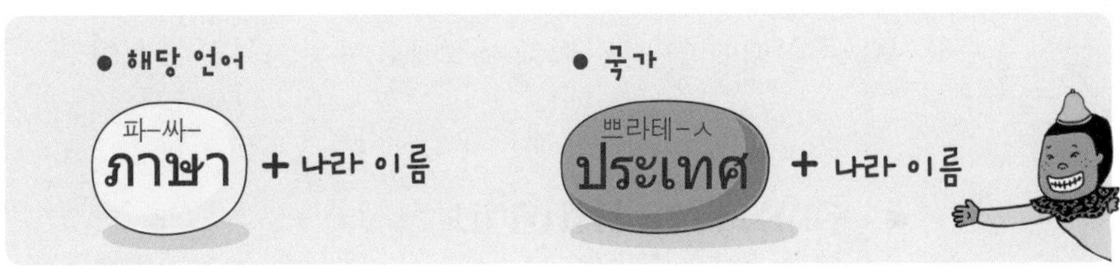

TRACK 35
ภาษาเกาหลี
파–싸– 까올리–
한국어
ภาษาไทย
파–싸– 타이
태국어
ภาษาอังกฤษ
파–싸– 앙끄릿
영어
ประเทศเกาหลี
쁘라테–ㅅ 까올리–
한국
ประเทศไทย
쁘라테–ㅅ 타이
태국
สหรัฐอเมริกา
싸하랏 아메–리까–
미국

2. คุณมาจากไหน 당신은 어디에서 오셨습니까?

ไหน 나이 는 어디에, 어느라는 수식어로 다양한 의문형 표현에 사용된다. มาจากไหน 마- 짜-ㄱ 나이는 어디에서 옵니까?라는 뜻으로 상대방의 국적이나 출발지를 물을 때에 쓸 뿐 아니라 사물에도 사용 가능한 표현이다.

- คุณมาจากไหนครับ 당신은 어디에서 오셨습니까?
  쿤 마- 짜-ㄱ 나이 크랍
  - ผมมาจากโซลครับ 저는 서울에서 왔습니다.
    폼 마- 짜-ㄱ 쏘-ㄴ 크랍
  - ดิฉันมาจากประเทศลาวค่ะ 저는 라오스에서 왔습니다.
    디찬 마- 짜-ㄱ 쁘라테-ㅅ라-오 카

- รถไฟฟ้ามาจากไหน 기차는 어디에서 옵니까?
  롯퐈이퐈- 마- 짜-ㄱ 나이
- คลื่นมาจากไหน 파도는 어디에서 옵니까?
  클르-ㄴ 마- 짜-ㄱ 나이

3. พูดภาษาไทยได้ 태국어를 말할 수 있습니다.

ได้ 다이 는 **과거**나 **가능**을 나타낼 때 사용하는 **조동사**이다. 부정을 할 때는 앞에 ไม่ 마이 를 넣어 **부정형**인 ไม่ได้ 마이다이 라고 하면 된다.

● 가능

동사 + 다이 ได้

동사 + 명사 + 다이 ได้

~을 할 수 있다

ผมพูดภาษาเกาหลีได้ 저는 한국어를 말할 수 있습니다.
폼 푸-ㅅ 파-싸- 까올리- 다이

ดิฉันพูดภาษาไทยไม่ได้ 저는 태국어를 말할 수 없습니다.
디찬 푸-ㅅ 파-싸- 타이 마이다이

เขาทำอาหารไทยได้ 그는 태국 음식을 만들 수 있습니다.
카오 탐 아-하-ㄴ 타이 다이

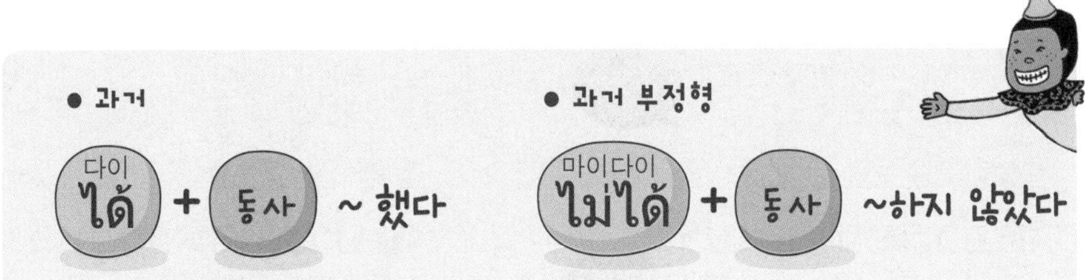

● 과거
다이
ได้
+ 동사 ~ 했다
● 과거 부정형
마이다이
ไม่ได้
+ 동사 ~하지 않았다

คุณพ่อได้พบอาจารย์ 아버지는 교수님을 만나셨다.
쿤퍼- 다이 폽 아-짜-ㄴ

ผมไม่ได้ไปประเทศรัสเซีย 저는 러시아를 가지 않았습니다.
폼 마이다이 빠이 쁘라테-ㅅ 랏씨-야

태국에서 통하는 회화 따라하기

01 나라 이름 알기

TRACK 36

❶ ประเทศอังกฤษ
쁘라테-ㅅ 앙끄릿
영국

❷ ประเทศรัสเซีย
쁘라테-ㅅ 랏씨-야
러시아

❸ ประเทศฝรั่งเศส
쁘라테-ㅅ 퐈랑쎄-ㅅ
프랑스

❹ ประเทศเยอรมัน
쁘라테-ㅅ 여-라만
독일

❺ ประเทศสเปน
쁘라테-ㅅ 싸뻬-ㄴ
스페인

❻ ประเทศอิตาลี
쁘라테-ㅅ 이따-리-
이탈리아

❼ ประเทศไทย, เมืองไทย
쁘라테-ㅅ 타이, 므-엉 타이
태국

❽ ประเทศเวียดนาม
쁘라테-ㅅ 위-앗나-ㅁ
베트남

❾ ประเทศลาว
쁘라테-ㅅ 라-오
라오스

❿ ประเทศสิงคโปร์
쁘라테-ㅅ 씽카뽀-
싱가포르

⓫ ประเทศฟิลิปปินส์
쁘라테-ㅅ 피립삔
필리핀

⓬ ประเทศอินโดนีเซีย
쁘라테-ㅅ 인도-니-씨-야
인도네시아

⓭ ประเทศมาเลเซีย
쁘라테-ㅅ 마-레-씨-야
말레이시아

14 ประเทศเกาหลี
쁘라테-ㅅ 까올리-
한국

15 ประเทศเกาหลีใต้
쁘라테-ㅅ 까올리- 따이
남한

16 สาธารณรัฐเกาหลี
싸-타-라나랏 까올리-
대한민국

17 ประเทศญี่ปุ่น
쁘라테-ㅅ 이-뿐
일본

18 ประเทศจีน, เมืองจีน
쁘라테-ㅅ 찌-ㄴ, 므-엉 찌-ㄴ
중국

19 สาธารณรัฐประชาชนจีน
싸-타-라나랏 쁘라차-촌 찌-ㄴ
중화인민공화국

20 สหรัฐอเมริกา
싸하랏 아메-리까-
미국

21 ประเทศออสเตรเลีย
쁘라테-ㅅ 어-ㅅ뜨레-리-야
호주

22 ประเทศนิวซีแลนด์
쁘라테-ㅅ 니우씨-래-ㄴ
뉴질랜드

23 ประเทศบราซิล
쁘라테-ㅅ 브라-씬
브라질

02 국적 묻고 답하기

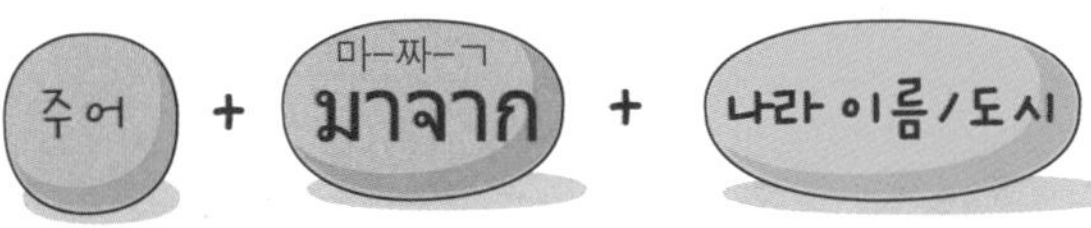

~에서 왔습니다.

~사람입니다.

ผมมาจากเกาหลีครับ
폼 마-짜-ㄱ 까올리- 크랍
저는 한국에서 왔습니다.

ดิฉันเป็นคนเกาหลีค่ะ
디찬 뻰 콘 까올리- 카
저는 한국사람입니다.

คุณมาจากไหนคะ
쿤 마- 짜-ㄱ 나이 카
당신은 어디에서 오셨습니까?

ผมมาจากเกาหลีครับ
폼 마-짜-ㄱ 까올리- 크랍
저는 한국에서 왔습니다.

คุณเป็นคนไทยหรือคะ
쿤 뻰 콘 타이 르- 카
당신은 태국 사람입니까?

ไม่ใช่ครับ ผมเป็นคนเกาหลีครับ คุณมาจากไหนครับ
마이 차이 크랍 폼 뻰 콘 까올리- 크랍 쿤 마- 짝 나이 크랍
아닙니다. 저는 한국인입니다. 당신은 어디에서 오셨습니까?

ดิฉันมาจากประเทศจีนค่ะ
디 찬 마- 짜-ㄱ 쁘라 테-ㅅ 찌-ㄴ 카
저는 중국에서 왔습니다.

주어 + มาจาก 마-짜-ㄱ **+ 지명**은 본인의 국적 뿐 아니라 출신 도시를 나타낼 때에도 사용할 수 있는 표현이야. 예를 들어 **ดิฉันมาจากปูซาน** 디찬 마-짜-ㄱ 뿌-싸-ㄴ 저는 부산에서 왔습니다, 부산 출신입니다. 등과 같이 사용할 수 있어.

폼 (디 찬) 리-얀 파- 싸- 타이

ผม(ดิฉัน)เรียนภาษาไทย

저는 태국어를 배웁니다.

폰(ฝน) **คุณพูดภาษาไทยเก่งมากค่ะ**
쿤 푸-ㅅ 파- 싸- 타이 께-ㅇ 마-ㄱ 카

성민(ซองมิน) **ขอบคุณครับ ผมเรียนภาษาไทยครับ**
커-ㅂ 쿤 크랍 폼 리-얀 파- 싸- 타이 크랍

คุณเรียนภาษาไทยที่ไหนคะ
쿤 리-얀 파- 싸- 타이 티- 나이 카

ผมเรียนภาษาไทยที่มหาวิทยาลัยครับ
폼 리-얀 파- 싸- 타이 티- 마하- 위 타 야- 라이 크랍

ทำไมคุณถึงเรียนภาษาไทยคะ
탐 마이 쿤 트-ㅇ 리-얀 파- 싸- 타이 카

ผมเรียนภาษาไทย
폼 리-얀 파- 싸- 타이

เพราะผมอยากไปเที่ยวประเทศไทยครับ
프러 폼 야-ㄱ 빠이 티-여우 쁘라 테-ㅅ 타이 크랍

성민의 태국어 학습 장소와 태국어를 공부하는 이유에 대해 폰이 묻고 있다.

폰	당신은 태국 말을 매우 잘 하시는군요.
성민	감사합니다. 저는 태국어를 배웁니다.
폰	당신은 어디에서 태국어를 공부합니까?
성민	대학교에서 태국어를 공부합니다.
폰	태국어를 공부하는 이유는 무엇입니까?
성민	제가 태국어를 공부하는 이유는 태국에 놀러 가고 싶기 때문입니다.

단어 TRACK 39

▪ พูด	푸-ㅅ	말하다, 대화하다	▪ ภาษาไทย	파-싸-타이	태국어
▪ เก่ง	께-ㅇ	잘하다, 능숙하다	▪ เรียน	리-얀	공부하다, 배우다
▪ ที่	티-	**전치사, 장소** ~에, **명사** 곳, 장소, **관계대명사**~인, ~한, ~것, **관계부사, 원인** ~해서			
▪ ที่ไหน	티-나이	어디, 어느 곳	▪ มหาวิทยาลัย	마하-위타야-라이	대학교
▪ ทำไม	탐마이	왜			
▪ ถึง	트-ㅇ	~에 달하다, 이르다, 도착하다			
▪ เพราะ	프러	~ 때문에, ~하기 때문에, 때문이다, **소리가** 아름답다, 듣기 좋다			
▪ อยาก	야-ㄱ	바라다, ~하고싶다	▪ ไป	빠이	가다
▪ เที่ยว	티-여우	여행가다, 놀이를 겸해 가다, 돌아다니다			
▪ ไปเที่ยว	빠이티-여우	놀러 가다	▪ ประเทศไทย	쁘라테-ㅅ타이	태국

05 아주 쉬운 해설

1. คุณพูดภาษาไทยเก่งมาก

당신은 태국 말을 매우 잘 하시는군요.

เก่ง 께-ㅇ 은 **잘하다, 능숙하다**라는 의미로 상대방의 능력에 대한 칭찬을 할 때 사용한다.

- **เก่ง , เก่งมาก** 잘 했어, 잘 하시는군요, 잘 합니다.
  께-ㅇ 께-ㅇ 마-ㄱ
- **คนนั้นทำงานเก่ง** 저 사람은 일을 잘 합니다.
  콘난 탐응아-ㄴ 께-ㅇ
- **น้องสาวผมเรียนเก่งครับ** 제 여동생은 공부를 잘 합니다.
  너-ㅇ싸-우 폼 리-얀 께-ㅇ 크랍
- **คุณแม่ดิฉันทำอาหารเกาหลีเก่งค่ะ**
  쿤매- 디찬 탐아-하-ㄴ 까올리- 께-ㅇ 카
  제 어머니는 한국 음식을 잘 하십니다.

2. ผมเรียนภาษาไทยที่มหาวิทยาลัยครับ

저는 대학교에서 태국어를 배웁니다.

1 **ที่** 티-는 **장소**를 나타낼 때 사용하는 전치사이다.

● 장소를 나타낼 때 사용하는 전치사

~에서

ผมเรียนที่โรงเรียนครับ 저는 학교에서 공부합니다.
폼 리-얀 티- 로-ㅇ리-얀 크랍

ดิฉันอยากไปเรียนที่จีนค่ะ 저는 중국에 공부하러 가고 싶습니다.
디찬 야-ㄱ 빠이 리-얀 티- 찌-ㄴ 카

น้องชายเรียนวรรณคดีสเปนที่มหาวิทยาลัย
너-ㅇ 차-이 리-얀 완나카디-싸뻬-ㄴ 티- 마하-위타야-라이

남동생은 대학교에서 스페인 문학을 공부합니다.

2 **ที่** 티-는 **관계대명사 ~인, ~한, ~것, 관계부사, 원인 ~해서** 등의 의미로도 사용된다.

- 관계대명사
- 관계부사, 원인

~인, ~한, ~것
~해서

ภาษาที่เรียนง่าย 공부하기 쉬운 언어
파-싸- 티- 리-얀 응아-이

ผู้หญิงที่สวย 아름다운 여자
푸-잉 티- 쑤-어이

อาหารที่อร่อย 맛있는 음식
아-하-ㄴ 티- 아러-이

ขอบคุณที่มา 와 주어서 고맙습니다.
커-ㅂ쿤 티- 마-

ยินดีที่ได้รู้จัก 만나 뵙게 되어 반갑습니다.
인디- 티-다이 루-짝

3. ทำไมคุณถึงเรียนภาษาไทย

왜 태국어를 공부합니까?

상대방에게 어떤 일의 이유, 원인을 물어볼 때에는 **왜, 어떻게** 라는 의미의 **ทำไม** 탐마이 를 사용하여 질문할 수 있다. 이에 대해 대답할 때는 **~때문에, ~한 이유로**라는 의미의 **เพราะ** 프러를 써서 말할 수 있다.

ทำไมคุณถึงเรียนภาษาเกาหลี
탐마이 쿤 트-ㅇ 리-얀 파-싸-까올리-
왜 한국어를 공부합니까?

↳ เพราะผมชอบดาราเกาหลี
프러 폼 처-ㅂ 다-라- 까올리-
왜냐하면 저는 한국 연예인을 좋아하기 때문입니다.

▪ ดารา	다-라-	연예인
▪ นักร้อง	낙러-ㅇ	가수
▪ นักแสดง	낙싸대-ㅇ	배우

ทำไมคุณถึงเรียนภาษาไทย
탐마이 쿤 트-ㅇ 리-얀 파-싸-타이
왜 태국어를 공부합니까?

↳ เพราะแฟนของผมเป็นคนไทย
프러 풰-ㄴ 커-ㅇ 폼 뻰 콘타이
왜냐하면 저의 애인이 태국인이기 때문입니다.

4. เพราะผมอยากไปเที่ยวประเทศไทย

왜냐하면 태국에 가고 싶기 때문입니다.

상대방의 질문에 대해 답변을 할 때 **เพราะ** 프러 **~때문에, ~한 이유로** 라는 단어를 사용하여 **이유나 원인**을 설명할 수 있다.

프러
เพราะ

~ 때문에, ~ 한 이유로

ผมไปร้านอาหาร เพราะผมหิวมาก
폼 빠이 라-ㄴ아-하-ㄴ 프러 폼 히우 마-ㄱ
저는 식당에 갑니다. 왜냐하면 배가 몹시 고프기 때문입니다.

ผมไปห้องสมุด เพราะเพื่อนรอที่นั่น
폼 빠이 허-ㅇ싸뭇 프러 프-언 러- 티-난
저는 도서관에 갑니다. 친구가 그 곳에서 기다리고 있기 때문입니다.

เพราะผมคิดถึงคุณ
프러 폼 킷트-ㅇ 쿤
왜냐하면 당신이 보고 싶기 때문입니다.

มาทำไม
마- 탐마이
왜 왔습니까?

태국에서 통하는 회화 따라하기

01 ~를 배우다, 공부하다

คุณเล่นเปียโนเก่งมากครับ
쿤 레-ㄴ 삐-야노- 께-ㅇ 마-ㄱ 크랍
당신은 피아노를 매우 잘 치시는군요.

ขอบคุณค่ะ
커-ㅂ 쿤 카

ดิฉันเรียนเปียโนที่มหาวิทยาลัยค่ะ คุณเรียนอะไรคะ
디 찬 리-얀 삐-야노- 티- 마 하- 위타 야- 라이 카 쿤 리-얀 아 라이 카
감사합니다. 저는 대학교에서 피아노를 배웁니다. 당신은 무엇을 공부하십니까?

ผมเรียนภาษาอังกฤษและภาษาจีนที่มหาวิทยาลัยครับ
폼 리-얀 파-싸- 앙 끄 릿 래 파- 싸- 찌-ㄴ 티- 마하-위타 야- 라이 크랍
저는 대학교에서 영어와 중국어를 공부합니다.

02 의문문과 대답하기

ทำไมคุณถึงเรียนภาษาเกาหลีครับ
탐 마이 쿤 트-ㅇ 리-얀 파- 싸- 까올 리- 크랍
당신은 왜 한국어를 공부합니까?

상대방에게 이유나 원인을 물어볼 때에는 **왜, 어떻게** 라는 의미의 **ทำไม** 탐마이 를 사용하여 질문할 수 있어.

ดิฉันเรียนภาษาเกาหลี
디 찬 리-얀 파- 싸- 까올 리-

เพราะอยากไปเที่ยวประเทศเกาหลีค่ะ
프러 야-ㄱ 빠이 티-여우 쁘라 테-ㅅ 까올 리- 카
저는 한국에 놀러 가고 싶기 때문에 한국어를 공부합니다.

답변은 **~때문**에라는 뜻의 **เพราะ** 프러 를 사용해서 대답하면 돼.

태국의 국왕과 불교

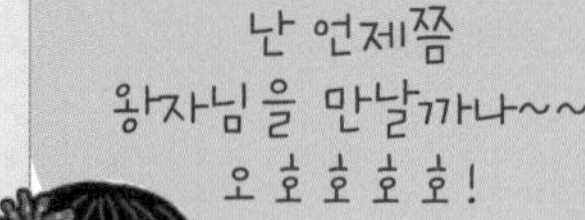

난 언제쯤
왕자님을 만날까나~~
오호호호호!

넌 국왕을 모욕했옷!
태국 여행시 국왕의 사진에
손가락질이나 국왕을 모독하는
행위는 절대 금하여야 해.

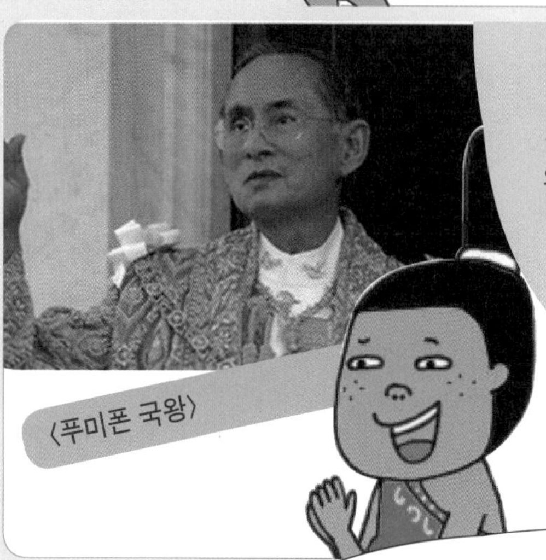

〈푸미폰 국왕〉

태국은 1932년 입헌군주제를 도입하였으며,
태국의 국가 원수이자 국군 최고 통수권자는
국왕이야. 현 태국의 국왕은 짝끄리(Chakri)
왕조의 제9대 왕이자 라마 9세인 푸미폰 국왕이야.
1946년에 재위하여 태국 역사상 가장 오래
재위한 국왕인 푸미폰 국왕은
태국 국민들로부터 전폭적인 존경과
지지를 받고 있어.

1782년 4월 6일 짝끄리 왕조가
세워진 것을 기념하여 매해 **4월 6일**은 **짝끄리의 날**로
짝끄리 왕조의 건립을 축하하고 있으며,
씨리낏 왕비의 탄신일인 **8월 12일**은 **어머니의 날**,
푸미폰 국왕의 탄신일인 **12월 5일**은 **아버지의 날**로
각각 국가공휴일로 지정되어 있어.

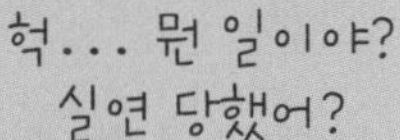

나무아미타불~

태국의 국교는 상좌부 불교 또는 남방불교로, 국민의 95%가 불교 신자인 태국인의 불교에 대한 신앙심은 대단해. 평상시나 생일, 불교일 등에 사원에 가 기도를 드리거나 스님께 음식을 드리며 공덕을 쌓는 것이 일반화되어 있으며, 성인 남자들은 성인이 되면 머리를 깎고 일정기간 사원에서 수도 생활을 하는 등 전반적인 태국인의 생활과 불교는 매우 밀접하지.

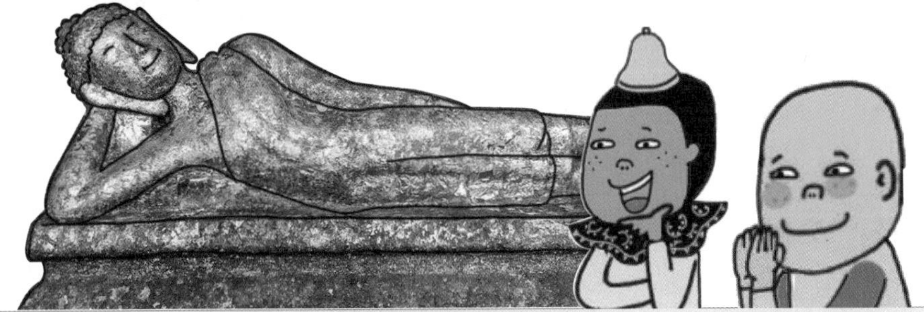

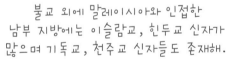

태국이 오늘날과 같이 불교의 영향을 크게 받게 된 데에는 불교를 공인한 아유타야 시대로 거슬러 올라가.

불교 외에 말레이시아와 인접한 남부 지방에는 이슬람교, 힌두교 신자가 많으며 기독교, 천주교 신자들도 존재해.

쿤 탐 응아-ㄴ 아라이

คุณทำงานอะไร

무슨 일을 하십니까?

폰(ฝน)

ไปไหนคะ
빠이 나이 카

떠 (ต่อ)

ไปทำงานครับ
빠이 탐 응아-ㄴ 크랍

คุณทำงานที่ไหนคะ
쿤 탐 응아-ㄴ 티- 나이 카

ผมทำงานที่พิพิธภัณฑ์ครับ
폼 탐 응아-ㄴ 티- 피 피 타 판 크랍

คุณฝนทำงานอะไรครับ
쿤 폰 탐 응아-ㄴ 아 라이 크랍

ดิฉันเป็นตำรวจค่ะ
디 찬 뻰 땀루-엇 카

폰과 떠가 서로의 직업에 대해 묻고 있다.

폰 어디 가세요?

떠 일하러 갑니다.

폰 어디에서 일하십니까?

떠 박물관에서 일합니다.
폰씨는 무슨 일을 하십니까?

폰 저는 경찰입니다.

단어 TRACK 43

- ทำงาน 탐응아-ㄴ 일하다
- ไป 빠이 가다
- ที่ 티- 전치사, 장소 ~에, 명사 곳, 장소, 관계대명사 ~인, ~한, ~것, 관계부사, 원인 ~해서
- ที่ไหน 티-나이 어디, 어느 곳
- ตำรวจ 땀루-엇 경찰
- อะไร 아라이 무엇, 어느 (것)
- ไหน 나이 어디에, 어느
- พิพิธภัณฑ์ 피피타판 박물관

06 아주 쉬운 해설

1. ไปไหน 어디에 가세요?

ไหน 나이 는 어디에, 어느라는 수식어로 부사, 명사, 동사 등과 결합하여 다양한 의문형 표현으로 사용된다.

부사, 명사, 동사 등 + **ไหน** (나이) 어디에, 어느

ไหน 표현법

ที่ไหน
티-나이
어디, 어디에

ตรงไหน
뜨롱나이
어디, 어디에

อยู่ไหน, อยู่ที่ไหน
유-나이, 유-티-나이
어디, 어디에

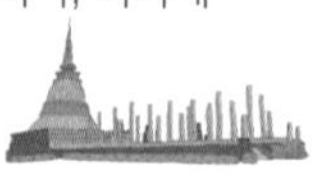

แค่ไหน
캐-나이
어느 정도로, 얼마나

อันไหน
안나이
어떤 것

วันไหน
완나이
어느 날

ทางไหน
타-ㅇ나이
어느 방향

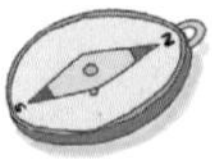

แบบไหน
배-ㅂ나이
어떤 종류

2. คุณทำงานที่ไหน 어디에서 일합니까?

직업을 물어보는 표현으로는 다음과 같은 두 가지 표현이 있다.

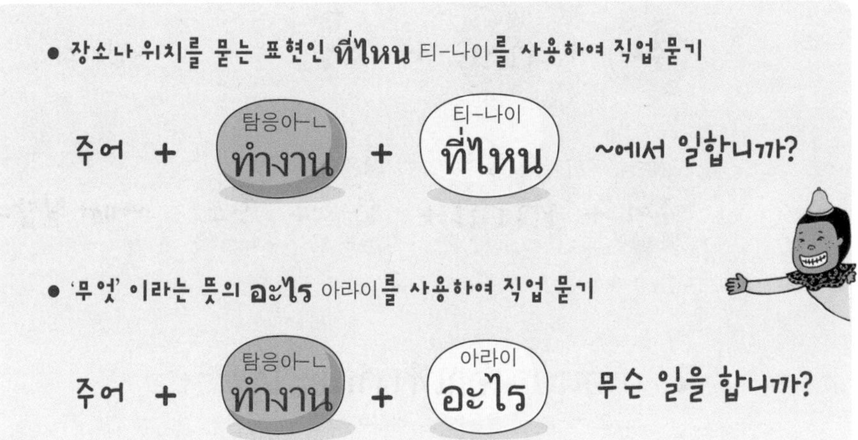

● 장소나 위치를 묻는 표현인 ที่ไหน 티-나이를 사용하여 직업 묻기
주어 + 탐응아-ㄴ ทำงาน + 티-나이 ที่ไหน ~에서 일합니까?
● '무엇'이라는 뜻의 อะไร 아라이를 사용하여 직업 묻기
주어 + 탐응아-ㄴ ทำงาน + 아라이 อะไร 무슨 일을 합니까?

คุณทำงานที่ไหนคะ 당신은 어디에서 일합니까?
쿤 탐응아-ㄴ 티-나이 카

ผมทำงานที่สถานทูตเกาหลีครับ
폼 탐응아-ㄴ 티- 싸타-ㄴ투-ㅅ 까올리- 크랍
저는 한국 대사관에서 일합니다.

- **สถานทูต** 싸타-ㄴ투-ㅅ 대사관

3. ผมทำงานที่พิพิธภัณฑ์ครับ

저는 박물관에서 일합니다.

직업에 대해 대답할 때 다음과 같이 두 가지로 대답할 수 있다.

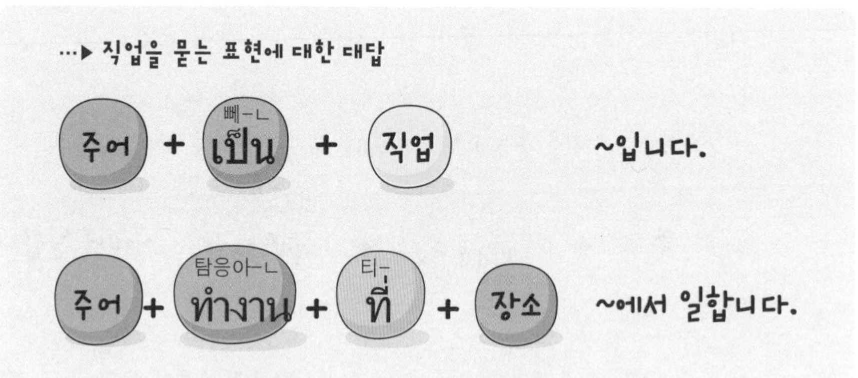

…▶ 직업을 묻는 표현에 대한 대답
주어 + 뻬-ㄴ เป็น + 직업 ~입니다.
주어 + 탐응아-ㄴ ทำงาน + 티- ที่ + 장소 ~에서 일합니다.

เพื่อนของคุณทำงานอะไรครับ
프-언 커-ㅇ 쿤 탐응아-ㄴ 아라이 크랍

당신의 친구는 무슨 일을 합니까?

↳ เขาเป็นนักธุรกิจค่ะ
카-오 뻬-ㄴ 낙투라낏 카

그는 사업가입니다.

รุ่นพี่ของคุณทำงานอะไรครับ
룬피- 커-ㅇ 쿤 탐응아-ㄴ 아라이 크랍

당신의 선배는 무슨 일을 합니까?

↳ รุ่นพี่ทำงานที่บริษัทก่อสร้างค่ะ
룬피- 탐응아-ㄴ 티- 버리쌋 꺼- 싸-ㅇ 카

선배는 건축 회사에서 일합니다.

สร้าง 싸-ㅇ 세우다, 건설하다 →
한 단어 내에서 ร 가 จ, ศ, ส 뒤에 오거나
종자음 바로 앞에 오는 경우,
ร 이 묵음이 되며 성조는
앞에 위치한 자음의 성조를 따라야 해.

- สร้าง 싸-ㅇ 세우다, 건설하다
- เสริม 쓰-ㅁ 강화하다
- จริง 찡 진실이다, 사실이다
- เศร้า 싸-오 슬퍼하다

태국에서 통하는 회화 따라하기

01 직업 묻고 답하기

ไปไหนครับ
빠이 나이 크랍
어디에 갑니까?

ไปทำงานค่ะ
빠이 탐 응아-ㄴ 카
일하러 갑니다.

คุณทำงานที่ไหนครับ
쿤 탐 응아-ㄴ 티- 나이 크랍
당신은 어디에서 일하십니까?

ดิฉันทำงานที่โรงงานค่ะ
디 찬 탐 응아-ㄴ 티- 로-ㅇ응아-ㄴ 카
저는 공장에서 일합니다.

คุณไปทำงานหรือครับ
쿤 빠이 탐 응아-ㄴ 르- 크랍
일하러 가십니까?

ค่ะ ไปทำงานค่ะ
카 빠이 탐 응아-ㄴ 카
네, 일하러 갑니다.

คุณทำงานอะไรครับ
쿤 탐 응아-ㄴ 아 라이 크랍
당신은 무슨 일을 하십니까?

ดิฉันเป็นเจ้าของร้านกาแฟค่ะ
디 찬 뻬-ㄴ 짜-오 커-ㅇ 라-ㄴ 까- 풰- 카
저는 카페 사장입니다.

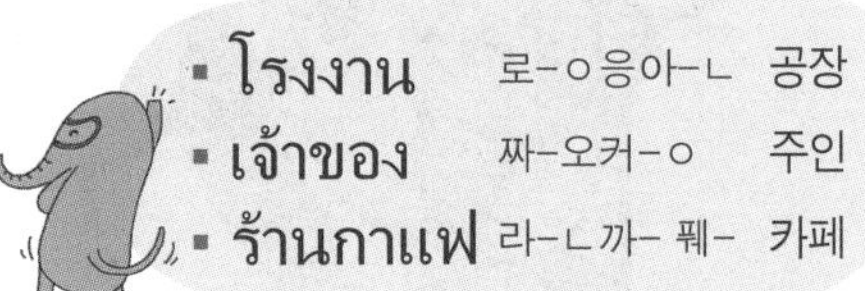

- โรงงาน 로-ㅇ응아-ㄴ 공장
- เจ้าของ 짜-오커-ㅇ 주인
- ร้านกาแฟ 라-ㄴ까- 풰- 카페

태국의 전통 무술

무에타이가 뭐야?

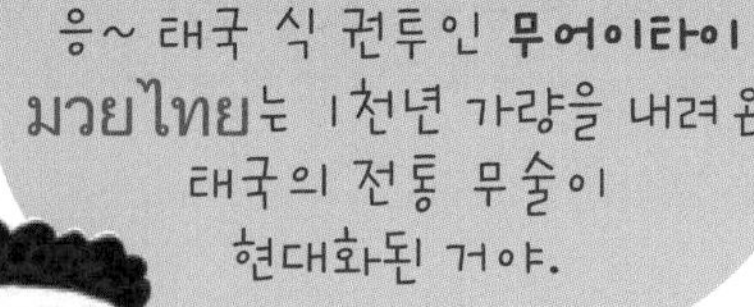

응~ 태국 식 권투인 무어이타이
มวยไทย는 1천년 가량을 내려 온
태국의 전통 무술이
현대화된 거야.

막 권투처럼 싸우면 되는거 아냐?
텔레비전에서 보니깐
이종격투기랑 비슷해 보이던데?

손과 팔꿈치, 무릎,
발 기술 등을 사용하여
상대방과 대결하는
방식이야.

저 사람들
완전 말근육이양~~
생각만큼
멋지지 않니?

무에타이 하면 몸이
저리 되는거야?
당연하지! 선수들은 남자들의
경우 윗옷을 입지 않은 채
트렁크 식의 무어이타이
복장을 하고 경기에 임해.
어맛!!

넌 왜 그러는데?
넌 아무리 봐도
좀 있다
아기 낳을 거 같아!
쳇! 두고 보라곳!

나도 출래~
뭐하는 거야??
나 춤추거 있는거야~
경기 시작 전 전통 음악에 맞춰
경기장 주위를 돌며 복을 비는 의미로
와이크루라는 춤을 춰.
나도 !!

완 끄ㅓ-ㄷ 커-ㅇ 쿤 므-어 라이

วันเกิดของคุณเมื่อไร

생일이 언제입니까?

성민(ซองมิน) คุณมาร่วมงานวันเกิดของผมวันเสาร์นี้

쿤 마- 루-엄 응아-ㄴ 완 끄ㅓ-ㄷ 커-ㅇ 폼 완 싸-오 니-

ได้ไหมครับ

다이 마이 크랍

폰(ฝน) ได้ค่ะ เราจะพบกันตอนกี่โมงคะ

다이 카 라오 짜 폽 깐 떠-ㄴ 끼- 모-ㅇ 카

เจอกันตอนหกโมงเย็นครับ

쩌- 깐 떠-ㄴ 혹 모-ㅇ 옌 크랍

ค่ะ ขอบคุณที่เชิญฉันนะคะ

카 커-ㅂ 쿤 티- 처-ㄴ 찬 나 카

ไม่เป็นไรครับ วันเกิดของคุณเมื่อไร

마이 뻰 라이 크랍 완 끄ㅓ-ㄷ 커-ㅇ 쿤 므-어 라이

วันเกิดของฉันคือวันที่ 8 สิงหาคมค่ะ

완 끄ㅓ-ㄷ 커-ㅇ 찬 크- 완 티- 빼-ㅅ 씽 하- 콤 카

성민이 자신의 생일파티에 폰을 초대하며 폰의 생일 날짜를 묻고 있다.

성민	이번 주 토요일 제 생일파티에 올 수 있습니까?
폰	가능합니다. 몇 시에 만나면 될까요?
성민	6시에 만납시다.
폰	네, 초대해 주어서 감사합니다.
성민	별말씀을요. 당신의 생일은 언제입니까?
폰	제 생일은 8월 8일입니다.

단어 TRACK 46

- ร่วม 루-엄 참여하다, 참가하다
- งาน 응아-ㄴ 일, 축제, 행사
- วัน 완 일(日)
- วันเกิด 완끄ㅓ-ㄷ 생일
- งานวันเกิด 응아-ㄴ완 끄ㅓ-ㄷ 생일파티
- วันเสาร์ 완 싸-오 토요일
- นี้ 니- 이 요일 앞에 붙으면 이번 주 ~요일을 의미함
- จะ 짜 미래를 나타내는 조동사 ~할 것이다
- ตอน 떠-ㄴ 시간 때
- กี่ 끼- 몇
- โมง 모-ㅇ 시간 때
- เจอ, เจอกัน 쩌-, 쩌-깐 만나다 เจอกัน 의 공경 표현은 พบกัน 폽깐 이다
- หกโมงเย็น 혹모-ㅇ옌 저녁 6시
- เชิญ 츠ㅓ-ㄴ 초대하다, 청하다
- นะ 나 동사 뒤에 붙어 애원·강제·동의의 의지를 표하거나 강조하는 첨가어
- ไม่เป็นไร 마이뻰라이 괜찮다, 감사·사과에 대하여 천만에요
- เมื่อไร, เมื่อไหร่ 므-어라이, 므-어라이 언제
- สิงหาคม 씽하-콤 8월

07 아주 쉬운 해설

1. คุณมาร่วมงานวันเกิดวันเสาร์นี้ได้ไหมครับ

이번 주 토요일 생일파티에 올 수 있습니까?

1 **ร่วม** 루-엄 은 행사 등에 **참여하다, 참가하다**라는 의미로 일상생활에서 자주 쓰이는 단어이다.

- **ร่วมงาน** 루-엄 응아-ㄴ — 행사에 참여하다
- **ร่วมประชุม** 루-엄 쁘라춤 — 회의에 참가하다
- **ร่วมงานวันเกิด** 루-엄 응아-ㄴ 완끄ㅓ-ㄷ — 생일 파티에 참여하다
- **ร่วมงานแต่งงาน** 루-엄 응아-ㄴ 때-ㅇ응아-ㄴ — 결혼식에 참여하다
- **ร่วมงานรับปริญญา** 루-엄 응아-ㄴ 랍 버린야- — 졸업식에 참가하다

나한테
이거지마~

2 요일

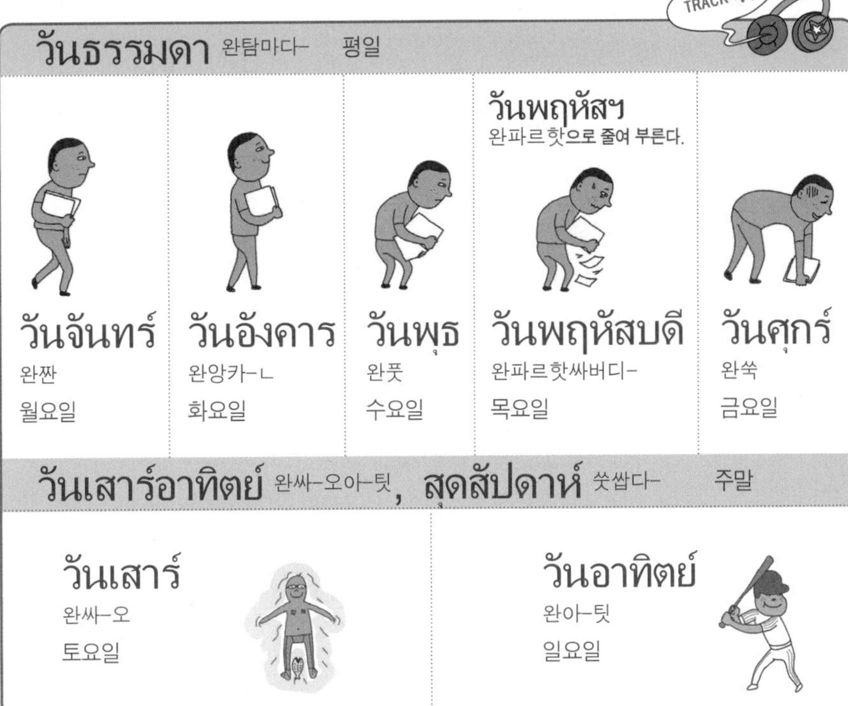

วันธรรมดา 완탐마다– 평일

วันจันทร์	วันอังคาร	วันพุธ	วันพฤหัสบดี	วันศุกร์
완짠	완앙카–ㄴ	완풋	완파르핫싸버디–	완쑥
월요일	화요일	수요일	목요일	금요일

วันพฤหัสฯ 완파르핫으로 줄여 부른다.

วันเสาร์อาทิตย์ 완싸–오아–팃, **สุดสัปดาห์** 쏫쌉다– 주말

วันเสาร์	วันอาทิตย์
완싸–오	완아–팃
토요일	일요일

요일 혹은 시간 뒤에 **นี้** 니– 이번, **หน้า** 나– 다음, **ที่แล้ว** 티–래–우 저번 를 붙여 좀 더 정확한 시간을 표현할 수 있다.

วันเสาร์นี้	วันจันทร์หน้า	สัปดาห์ที่แล้ว
완싸–오 니–	완짠 나–	쌉다– 티–래–우
이번 주 토요일	다음 주 월요일	저번 주

- **ธรรมดา** 탐마다– 보통, 평범
- **สัปดาห์** 쌉다– 주, 일주일
- **สุด** 쏫 끝나다, 마지막의

2. เราจะพบกันตอนกี่โมง 몇 시에 만나면 될까요?

1 จะ 짜 는 미래를 나타내는 조동사로 ~할 것이다라는 의미이다.

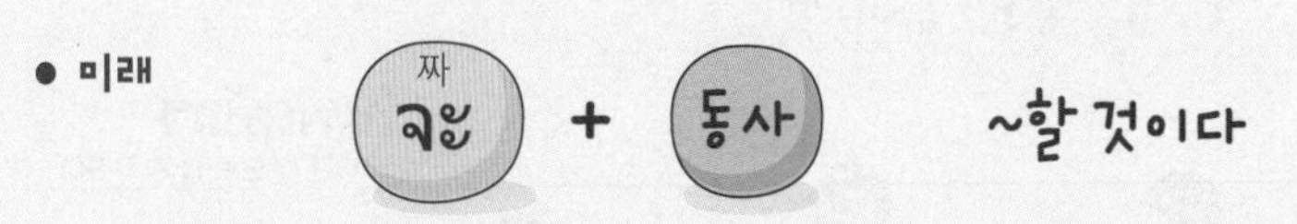

เราจะพบกันตอนหกโมงเย็นได้ไหม
라오 짜 폽깐 떠-ㄴ 혹모-ㅇ 옌 다이마이
우리 저녁 6시에 만나도 괜찮을까요?

คุณแม่จะไปเที่ยวปูซานวันศุกร์หน้า
쿤매- 짜 빠이티-여우 뿌-싸-ㄴ 완쑥 나-
어머니는 다음 주 금요일에 부산에 놀러 갈 예정입니다.

ผมจะกลับบ้านครับ
폼 짜 끌랍 바-ㄴ 크랍
저는 집에 돌아갈 겁니다.

2 시간 표현- 시계

★ 녹음순서는 시간순서 1시 → 24시

TRACK 48
สิบเอ็ดโมงเช้า
씹엣모-ㅇ차-오
오전 11시
ห้าทุ่ม
하-툼
오후 11시
11
เที่ยง, เที่ยงวัน
티-앙, 티-앙완 정오
เที่ยงคืน
티-앙크-ㄴ 자정
12
ตีหนึ่ง
띠-능
새벽 1시
1
บ่ายโมง
바-이모-ㅇ
오후 1시
สิบโมงเช้า
씹모-ㅇ차-오
오전 10시
10
สี่ทุ่ม
씨-툼
오후 10시
ตีสอง
띠-써-ㅇ
새벽 2시
2
บ่ายสองโมง
바-이써-ㅇ모-ㅇ
오후 2시
เก้าโมงเช้า
까오모-ㅇ차-오
오전 9시
9
สามทุ่ม
싸-ㅁ툼
오후 9시
ตีสาม
띠-싸-ㅁ
새벽 3시
3
บ่ายสามโมง
바-이싸-ㅁ모-ㅇ
오후 3시
แปดโมงเช้า
빼-ㅅ모-ㅇ차-오
오전 8시
8
สองทุ่ม
써-ㅇ툼
오후 8시
ตีสี่
띠-씨-
새벽 4시
4
บ่ายสี่โมง
바-이씨-모-ㅇ
สี่โมงเย็น
씨-모-ㅇ옌
오후 4시
เจ็ดโมงเช้า
쩻모-ㅇ차-오
오전 7시
7
ทุ่ม, หนึ่งทุ่ม,
ทุ่มนึง
툼, 능툼, 툼능
오후 7시
6
ตีหก
띠-혹
새벽 6시
หกโมงเย็น
혹모-ㅇ옌
오후 6시
5
ตีห้า
띠-하-
새벽 5시
ห้าโมงเย็น
하-모-ㅇ옌
오후 5시

3 혹은 각 시간을 나타내는 1부터 24까지의 숫자 뒤에 **시(時), 시계**라는 의미의 **นาฬิกา** 나-리까- 를 붙여 시간을 나타낼 수도 있다.

- **สองนาฬิกา** 오전 2시
  써-ㅇ 나-리까-
- **สิบห้านาฬิกา** 오후 3시 (15시)
  씹하- 나-리까-
- **ยี่สิบสี่นาฬิกา** 오후 12시 (24시, 자정)
  이-씹씨- 나-리까-

4 **นาฬิกา** 나-리까- 로 시간을 나타낼 때에는 간단히 **시간 + น.**로 표시한다.

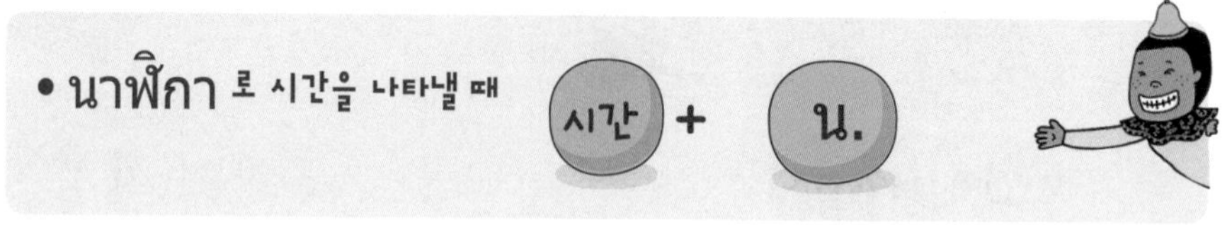

- **05:00 น.** 오전 5시
  하- 나-리까-
- **18:00 น.** 오후 6시
  씹빼-ㅅ 나-리까-
- **23:00 น.** 오후 11시
  이-씹싸-ㅁ 나-리까-

5 시간 표현 - 시, 분, 초

- **เที่ยงครึ่ง** 오후 12시 반
  티-앙 크릉
- **สองทุ่มครึ่ง** 오후 8시 반
  써-ㅇ툼 크릉
- **หกโมงยี่สิบสี่นาที** 오후 6시 24분
  혹모-ㅇ 이-씹씨- 나-티-
- **สองนาฬิกาสามสิบเก้านาที** 오전 2시 39분
  써-ㅇ 나-리까- 싸-ㅁ씹까오 나-티-
- **สิบนาฬิกาสองนาทีสี่วินาที** 오전 10시 2분 4초
  씹 나-리까- 써-ㅇ 나-티- 씨- 위나-티-

6 시간 표현 - 때

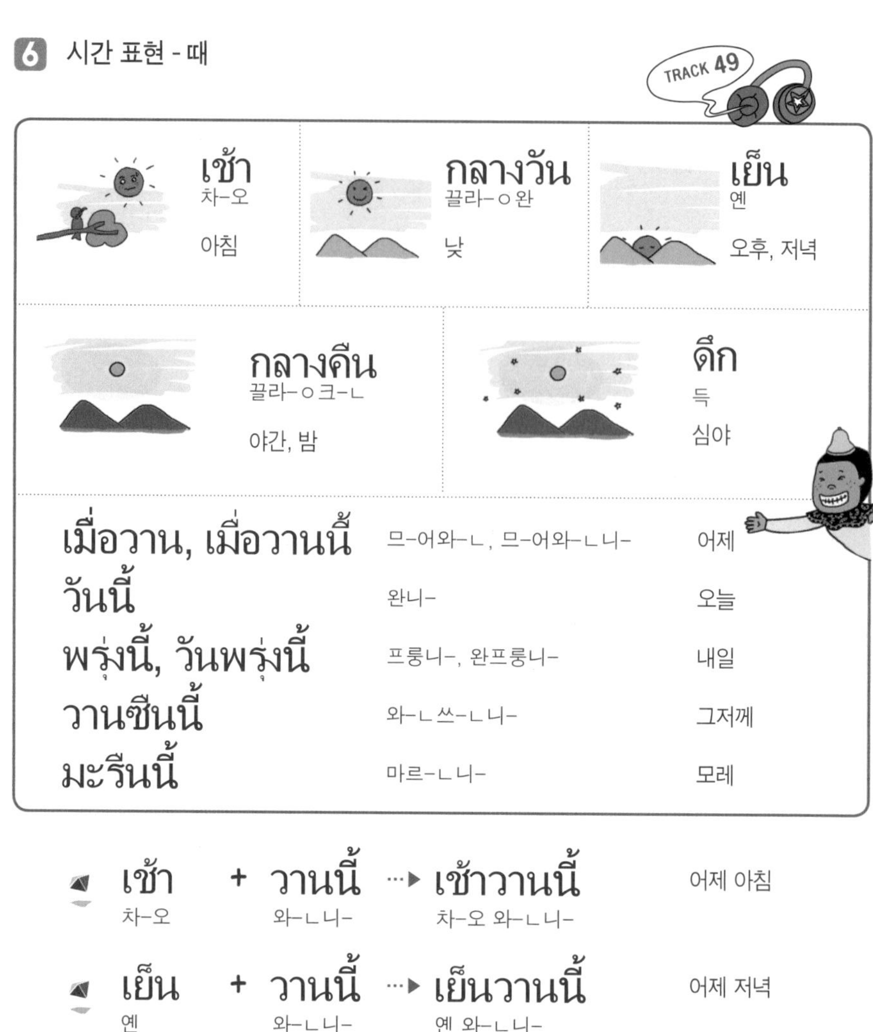

เช้า 차-오 아침	กลางวัน 끌라-ㅇ완 낮	เย็น 옌 오후, 저녁
กลางคืน 끌라-ㅇ크-ㄴ 야간, 밤	ดึก 득 심야	

เมื่อวาน, เมื่อวานนี้	므-어와-ㄴ, 므-어와-ㄴ니-	어제
วันนี้	완니-	오늘
พรุ่งนี้, วันพรุ่งนี้	프룽니-, 완프룽니-	내일
วานซืนนี้	와-ㄴ쓰-ㄴ니-	그저께
มะรืนนี้	마르-ㄴ니-	모레

- เช้า (차-오) + วานนี้ (와-ㄴ니-) ···▸ เช้าวานนี้ (차-오 와-ㄴ니-) 어제 아침
- เย็น (옌) + วานนี้ (와-ㄴ니-) ···▸ เย็นวานนี้ (옌 와-ㄴ니-) 어제 저녁
- คืน (크-ㄴ) + นี้ (니-) ···▸ คืนนี้ (크-ㄴ 니-) 오늘 밤
- พรุ่งนี้ (프룽니-) + เช้า (차-오) ···▸ พรุ่งนี้เช้า (프룽니- 차-오) 내일 아침
- เย็น (옌) + พรุ่งนี้ (프룽니-) ···▸ เย็นพรุ่งนี้ (옌 프룽니-) 내일 저녁
- เวลา 05:00 น.วันนี้ (웰-라- 하- 나-리까- 완니-) 오늘 오전 5시

3. วันเกิดของคุณเมื่อไร 당신의 생일은 언제입니까?

1 생일을 묻는 표현과 그에 대한 대답으로는 다음과 같은 다양한 표현이 있다.

วันเกิดของคุณเมื่อไร
완끄ㅓ-ㄷ 커-ㅇ쿤 므-어라이
당신의 생일은 언제입니까?

↳ **วันเกิดของฉันคือวันที่ 20 ธันวาคมค่ะ**
완끄ㅓ-ㄷ 커-ㅇ찬 크- 완 티- 이-씹 탄와- 콤 카
제 생일은 12월 20일입니다.

คุณเกิดเมื่อไหร่
쿤 끄ㅓ-ㄷ 므-어라이
당신은 언제 태어났습니까?

คุณเกิดวันที่เท่าไหร่
쿤 끄ㅓ-ㄷ 완 티- 타오라이
당신은 몇 일에 태어났습니까?

↳ **ฉันเกิดวันที่ 12 เดือนมิถุนายนค่ะ**
찬 끄ㅓ-ㄷ 완 티- 씹써-ㅇ 드-언 미투나-욘 카
저는 6월 12일에 태어났습니다.

2 날짜 표현- 일, 월, 년

TRACK 50

1월 มกราคม 마까라-콤, 목까라-콤	2월 กุมภาพันธ์ 꿈파-판	3월 มีนาคม 미-나-콤
4월 เมษายน 메-싸-욘	5월 พฤษภาคม 프릇싸파-콤	6월 มิถุนายน 미투나-욘
7월 กรกฎาคม 까라까다-콤	8월 สิงหาคม 씽하-콤	9월 กันยายน 깐야-욘
10월 ตุลาคม 뚜라-콤	11월 พฤศจิกายน 프르싸찌까-욘	12월 ธันวาคม 탄와-콤
일 วัน 완	월 เดือน 드-언	년, 해 ปี 삐-

월(月) 앞의 **เดือน** 드-언 은 생략되어도 무방하며, 요일과 함께 나타낼 때에는 생략해준다. 년(年) 앞의 **ปี** 삐-도 주로 생략되며, 양력으로 나타낼 때는 **ค.ศ.** 커-써-, 불력으로 나타낼 때는 **พ.ศ.** 퍼-써- 로 나타내주기도 한다.
태국은 양력과 불력을 모두 사용한다. 양력에 543년을 더하면 태국 불력이 되며 이에 따라 2015년의 경우 2558년으로 표시한다.

● ~년 ~월 ~일

(완티–) วันที่ + 일 + (드–언) เดือน + 월 + (빼–) ปี + 년

숫자 or 태국어 / 태국어 / 숫자

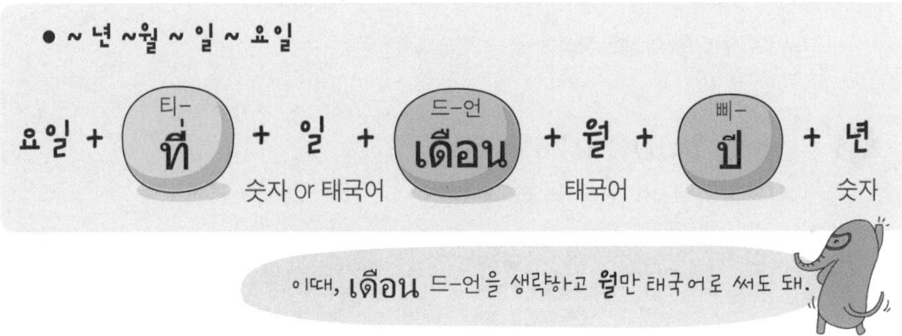

● ~년 ~월 ~일 ~요일
요일 + 티– ที่ + 일 + 드–언 เดือน + 월 + 빼– ปี + 년
숫자 or 태국어
태국어
숫자
이때, เดือน 드–언을 생략하고 월만 태국어로 써도 돼.

- **วันที่ 3 เดือนมกราคม ปี 2558** 2015년 1월 3일
  완 티– 싸–ㅁ 드–언 마까라–콤 빼– 써–ㅇ판 하–러–이 하–씹 빼–ㅅ

- **วันที่ 21 พฤษภาคม 2560** 2017년 5월 21일
  완 티– 이–씹엣 프르싸파–콤 써–ㅇ판 하–러–이 혹씹

- **วันที่ 5 สิงหาคม ค.ศ. 1980** 1980년 8월 5일
  완 티– 하– 씽하–콤 커–써– 능판 까오러–이 빼–ㅅ씹

- **วันจันทร์ที่ 1 พฤศจิกายน พ.ศ. 2053** 2010년 11월 1일 월요일
  완짠 티– 능 프르싸찌까–욘 퍼–써– 써–ㅇ판 하–씹 싸–ㅁ

- **วันอังคารที่ 19 เมษายน 2016** 2016년 4월 19일 화요일
  완앙카–ㄴ 티– 씹까오 메–싸–욘 써–ㅇ판 씹 혹

- **วันเสาร์ที่ 1 มีนาคม 2557** 2014년 3월 1일 토요일
  완싸–오 티– 능 미–나–콤 써–ㅇ판 하–러–이 하–씹 쩻

01 초대하기

คุณมาร่วมงานวันเกิดของผมวันเสาร์นี้ได้ไหมครับ
쿤 마- 루-엄 응아-ㄴ 완끄ㅓ-ㄷ 커-ㅇ 폼 완 싸-오 니- 다이 마이 크랍

이번 주 토요일 제 생일파티에 올 수 있습니까?

ได้ค่ะ ขอบคุณที่เชิญค่ะ
다이 카 커-ㅂ 쿤 티- 츠ㅓ-ㄴ 카

가능합니다. 초대해 주셔서 감사합니다.

คุณมาร่วมงานแต่งงานของผมวันศุกร์หน้าได้ไหมครับ
쿤 마- 루-엄 응아-ㄴ 때-ㅇ 응아-ㄴ 커-ㅇ 폼 완 쑥 나- 다이 마이 크랍

다음 주 금요일 제 결혼식에 올 수 있습니까?

ขอโทษ วันศุกร์หน้าฉันต้องไปทำงานค่ะ
커- 토-ㅅ 완 쑥 나- 찬 떠-ㅇ 빠이 탐 응아-ㄴ 카

죄송합니다. 다음 주 금요일에 일하러 가야 합니다.

02 생일 묻고 답하기

วันเกิดของคุณเมื่อไรครับ
완 끄ㅓ-ㄷ 커-ㅇ 쿤 므-어 라이 크랍

당신의 생일은 언제입니까?

วันเกิดของฉันคือวันที่ 8 สิงหาคมค่ะ
완 끄ㅓ-ㄷ 커-ㅇ 찬 크- 완 티-빠-ㅅ씽 하-콤 카

제 생일은 8월 8일입니다.

คุณเกิดเมื่อไหร่
쿤 끄ㅓ-ㄷ 므-어 라이

당신은 언제 태어났습니까?

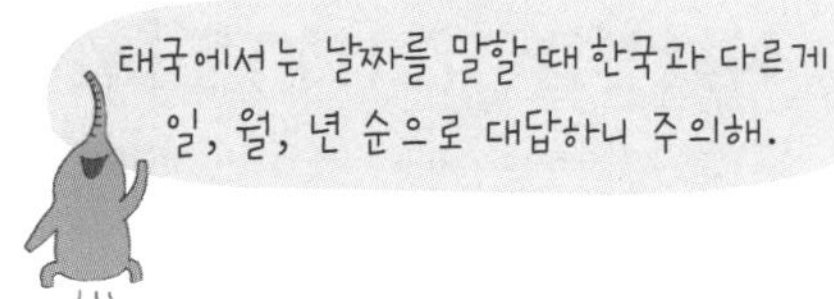

태국에서는 날짜를 말할 때 한국과 다르게
일, 월, 년 순으로 대답하니 주의해.

ฉันเกิดวันที่ 10 เดือนมิถุนายน ปี 1970 ค่ะ
찬 끄ㅓ-ㄷ 완 티- 씹 드-언 미 투 나- 욘 삐- 능판 까오러-이 쨰-ㅅ씹 카

저는 1970년 6월 10일에 태어났습니다.

คุณเคยกินอาหารไทยไหม

쿤 커-이 낀 아- 하-ㄴ 타이 마이

태국 음식을 먹어본 적 있습니까?

폰(ฝน) คุณเคยทานอาหารไทยไหมคะ

쿤 커-이 타-ㄴ 아- 하-ㄴ 타이 마이 카

성민(ซองมิน) ผมเคยกินอาหารไทยครับ

폼 커-이 낀 아- 하-ㄴ 타이 크랍

ผมชอบอาหารไทยครับ

폼 처-ㅂ 아- 하-ㄴ 타이 크랍

คุณชอบอาหารไทยอะไรบ้างคะ

쿤 처-ㅂ 아- 하-ㄴ 타이 아 라이 바-ㅇ 카

ผมชอบผัดไทย ส้มตำ และก๋วยเตี๋ยวครับ

폼 처-ㅂ 팟 타이 쏨 땀 래 꾸-어이 띠-야우 크랍

ฉันดีใจที่คุณชอบอาหารไทยค่ะ

찬 디-짜이 티- 쿤 처-ㅂ 아-하-ㄴ 타이 카

폰과 성민이 태국 음식을 먹어본 경험을 주제로 대화를 나누고 있다.

폰 태국 음식을 먹어본 적 있습니까?

성민 태국 음식을 먹어본 적이 있습니다. 태국 음식을 좋아합니다.

폰 어떤 태국 음식을 좋아합니까?

성민 저는 팟타이, 쏨땀, 그리고 꾸어이띠야우를 좋아합니다.

폰 당신이 태국 음식을 좋아해서 기쁩니다.

단어 TRACK 54

- เคย 커-이 ~한 적 있다, 경험이 있다
- กิน 낀 먹다
- อาหารไทย 아-하-ㄴ 타이 태국 음식
- ผัดไทย 팟타이 태국 볶음국수
- ก๋วยเตี๋ยว 꾸-어이띠-야우 쌀국수
- ทาน 타-ㄴ 먹다, 드시다 **กิน의 공경 표현**
- อาหาร 아-하-ㄴ 음식
- บ้าง 바-ㅇ **수식사** 좀, 약간
- ส้มตำ 쏨땀 파파야 샐러드
- ดีใจ 디-짜이 기쁘다

08 아주 쉬운 해설

1. คุณเคยกินอาหารไทยไหม

태국 음식을 먹어본 적 있습니까?

1 **เคย** 커-이 는 ~**한 적 있다**는 경험을 나타내는 조동사이다. 상대방의 경험을 물어볼 때 사용할 수 있다.

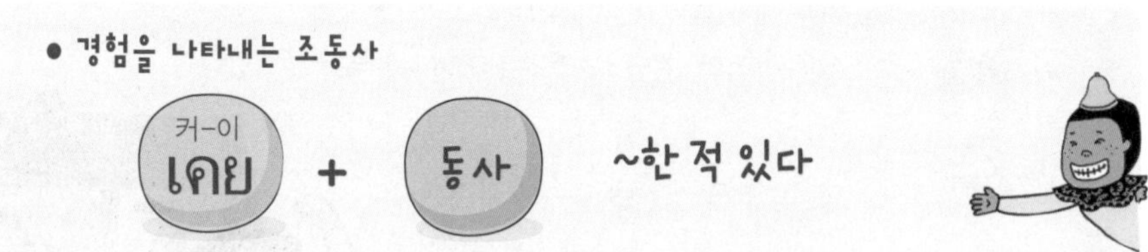

- **คุณเคยกินอาหารเกาหลีไหม** 한국 음식을 먹어본 적 있습니까?
  쿤 커-이 낀 아-하-ㄴ 까올리- 마이

- **คุณเคยกินอาหารญี่ปุ่นไหม** 일본 음식을 먹어본 적 있습니까?
  쿤 커-이 낀 아-하-ㄴ 이-뿐 마이

- **คุณเคยมาประเทศเกาหลีไหม** 한국에 와본 적 있습니까?
  쿤 커-이 마- 쁘라테-ㅅ 까올리- 마이

- **คุณเคยไปประเทศสวีเดนไหม** 스웨덴에 가본 적 있습니까?
  쿤 커-이 빠이 쁘라테-ㅅ 싸위-데-ㄴ 마이

▪ **ประเทศสวีเดน** 쁘라테-ㅅ 싸위-데-ㄴ 스웨덴

2 경험을 묻는 표현에 대해 대답할 때, 긍정은 **เคย** 커-이 **해본 적 있다**, 부정은 **ไม่เคย** 마이커-이 **해본 적 없다** 로 표현한다.

● 긍정

해본 적 있다

● 부정

해본 적 없다

- ผมเคยกินอาหารเกาหลี 한국 음식을 먹어본 적 있습니다.
  폼 커-이 낀 아-하-ㄴ 까올리-
- ฉันเคยกินอาหารญี่ปุ่น 일본 음식을 먹어본 적 있습니다.
  찬 커-이 낀 아-하-ㄴ 이-뿐
- เขาไม่เคยไปประเทศเกาหลี 그는 한국에 가본 적이 없습니다.
  카오 마이커-이 빠이 쁘라테-ㅅ 까올리-
- คุณปู่ไม่เคยไปประเทศสวีเดน
  쿤뿌- 마이커-이 빠이 쁘라테-ㅅ 싸위-데-ㄴ
  할아버지는 스웨덴에 가본 적이 없습니다.
- เราไม่เคยไปเที่ยวต่างประเทศ
  라오 마이커-이 빠이티-여우 따-ㅇ 쁘라테-ㅅ
  우리는 외국에 가본 적이 없습니다.

2. คุณชอบอาหารไทยอะไรบ้าง

어떤 태국 음식을 좋아합니까?

บ้าง 바-ㅇ 은 **좀**, **약간**이라는 의미를 가진 **수식사**로 한정된 수량을 나타낼 때 사용한다.

- คุณชอบอาหารจีนอะไรบ้าง 어떤 중국 음식을 좋아합니까?
  쿤 처-ㅂ 아-하-ㄴ 찌-ㄴ 아라이 바-ㅇ

- คุณชอบอาหารทะเลอะไรบ้าง 어떤 해산물 요리를 좋아합니까?
  쿤 처-ㅂ 아-하-ㄴ 타레- 아라이 바-ㅇ

- คุณชอบนักร้องคนไหนบ้าง 가수 누구를 좋아하십니까?
  쿤 처-ㅂ 낙 러-ㅇ 콘 나이 바-ㅇ

- ที่ร้านอาหารนั้นมีเมนูอะไรบ้าง
  티- 라-ㄴ아-하-ㄴ 난 미- 메-누- 아라이 바-ㅇ

  그 식당에는 메뉴가 어떻게 됩니까?

- ทะเล 타레- 바다
- คนไหน 콘 나이 누구, 어떤 사람
- เมนู 메-누- 메뉴
- นักร้อง 낙러-ㅇ 가수
- ร้านอาหาร 라-ㄴ아-하-ㄴ 식당

3. ฉันดีใจที่คุณชอบอาหารไทย

당신이 태국 음식을 좋아해서 기쁩니다.

1 감정 표현하기

A 주어 + 감정 + ที่ 티- + (B 주어) + 동사 구문으로 어떤 상태나 특정환 상황에 대한 자신의 감정을 표현할 수 있다.

A 주어 + 감정 + ที่(티) + B 주어 + 동사

B가 ~해서 A가 어떠한 감정이다

- **ผมดีใจที่คุณชอบ** 당신이 좋아해서 기쁩니다.
  폼 디-짜이 티- 쿤 처-ㅂ

- **ฉันดีใจที่คุณชอบอาหารเกาหลี** 당신이 한국 음식을 좋아해서 기쁩니다.
  찬 디-짜이 티- 쿤 처-ㅂ 아-하-ㄴ 까올리-

- **ฉันดีใจที่คุณชอบเมืองไทย** 당신이 태국을 좋아해서 기쁩니다.
  찬 디-짜이 티- 쿤 처-ㅂ 므-엉타이

- **คุณพ่อคุณแม่ดีใจที่น้องชายสอบผ่าน**
  쿤퍼- 쿤매- 디-짜이 티- 너-ㅇ차-이 써-ㅂ파-ㄴ
  동생이 시험에 합격하여 부모님이 기뻐하십니다.

- **สอบผ่าน** 써-ㅂ파-ㄴ 시험에 합격하다, 통과하다

2 다양한 감정 표현

ดีใจ 디-짜이 기쁘다	เศร้า, เสียใจ 싸오 씨-야짜이 슬프다	
เสียดาย 씨-야다-이 아쉽다	เกรงใจ 끄래-ㅇ짜이 거리끼다, 어려워 하다	กลัว 끌루어 무서워하다, 두려워하다
ตื่นเต้น 뜨-ㄴ떼-ㄴ 긴장하다, 흥분하다, 신나다	อาย 아-이 부끄럽다, 수줍다	สบายใจ 싸바-이짜이 마음이 편안하다
เหงา 응아오 외롭다, 쓸쓸하다	ขอบคุณ 커-ㅂ쿤 고맙다	ขอโทษ 커-토-ㅅ 미안하다

태국에서 통하는 회화 따라하기

01 경험 묻고 답하기

คุณเคยกินอาหารไทยไหมครับ 태국 음식을 먹어본 적 있습니까?
쿤 커-이 낀 아- 하-ㄴ 타이 마이 크랍

ดิฉันเคยกินอาหารไทยค่ะ 네, 먹어봤습니다.
디 찬 커-이 낀 아- 하-ㄴ 타이 카

คุณเคยไปจอนจูไหมครับ 전주에 가본 적 있습니까?
쿤 커-이 빠이 쩌-ㄴ쭈- 마이 크랍

ดิฉันเคยไปจอนจูกับแฟนค่ะ 남자친구와 전주에 가본 적이 있습니다.
디 찬 커-이 빠이 쩌-ㄴ쭈- 깝 풰-ㄴ 카

คุณเคยไปวัดไหมครับ 절에 가본 적 있습니까?
쿤 커-이 빠이 왓 마이 크랍

ดิฉันไม่เคยไปวัดค่ะ 절에 가본 적이 없습니다.
디 찬 마이 커-이 빠이 왓 카

คุณเคยเรียนภาษาจีนไหมครับ 중국어를 공부해본 적 있습니까?
쿤 커-이 리-얀 파- 싸- 찌-ㄴ 마이 크랍

ดิฉันไม่เคยเรียนภาษาจีนค่ะ 중국어를 공부해본 적이 없습니다.
디 찬 마이 커-이 리-얀 파- 싸- 찌-ㄴ 카

02 감정 표현하기

ผมดีใจที่คุณจะมาประเทศไทยครับ
폼 디-짜이 티- 쿤 짜 마- 쁘라 테-ㅅ 타이 크랍
당신이 태국에 오는 것이 기쁩니다.

ดิฉันตื่นเต้นมากที่ได้ไปเที่ยวเมืองไทยค่ะ
디 찬 뜨-ㄴ떼-ㄴ 마-ㄱ 티- 다이 빠이티-여우 므-엉 타이 카
태국에 놀러갈 수 있게 되어 매우 흥분됩니다.

ผมดีใจที่คุณสอบผ่าน
폼 디-짜이 티- 쿤 써-ㅂ 파-ㄴ
네가 시험에 통과하여 기쁘구나.

ดีใจที่ 디-짜이 티- 라는 표현을 사용하여 자신이나 상대방의 상황에 대한 기쁨을 표현할 수 있어.

ขอบคุณค่ะ
커-ㅂ 쿤 카
감사합니다.

태국의 음식과 음식 문화

태국 음식 똠얌꿍 먹어봤어?

이름 특이하네.. 당연히 못 먹어 봤지~

다양한 재료와 향신료를 사용하여 한 음식 안에 단맛 쓴맛 짠맛 신맛 매운맛의 5가지 맛이 담아 있는 것이 특징이야.

볶음밥, 쌀국수, 팟타이 등 음식에
ไก่ 까이 닭, หมู 무- 돼지고기,
เนื้อ 느-어 소고기, กุ้ง 꿍 새우,
ปู 뿌- 게를 추가하여 먹고는 해.
음식 이름 뒤에 원하는 고기를 말하면
해당 음식 명이 돼.

ข้าวผัด 카-우팟 볶음밥
ส้มตำ 쏨땀 파파야 샐러드
주식은 쌀이며 지역별로 다양한 음식 문화가 있어.
ต้มยำกุ้ง 똠얌꿍 태국 식 새우 수프
ผัดไทย 팟타이 볶음면
태국식 해산물 수프인 똠얌꿍은 세계 3대 요리로 인정받고 있어.

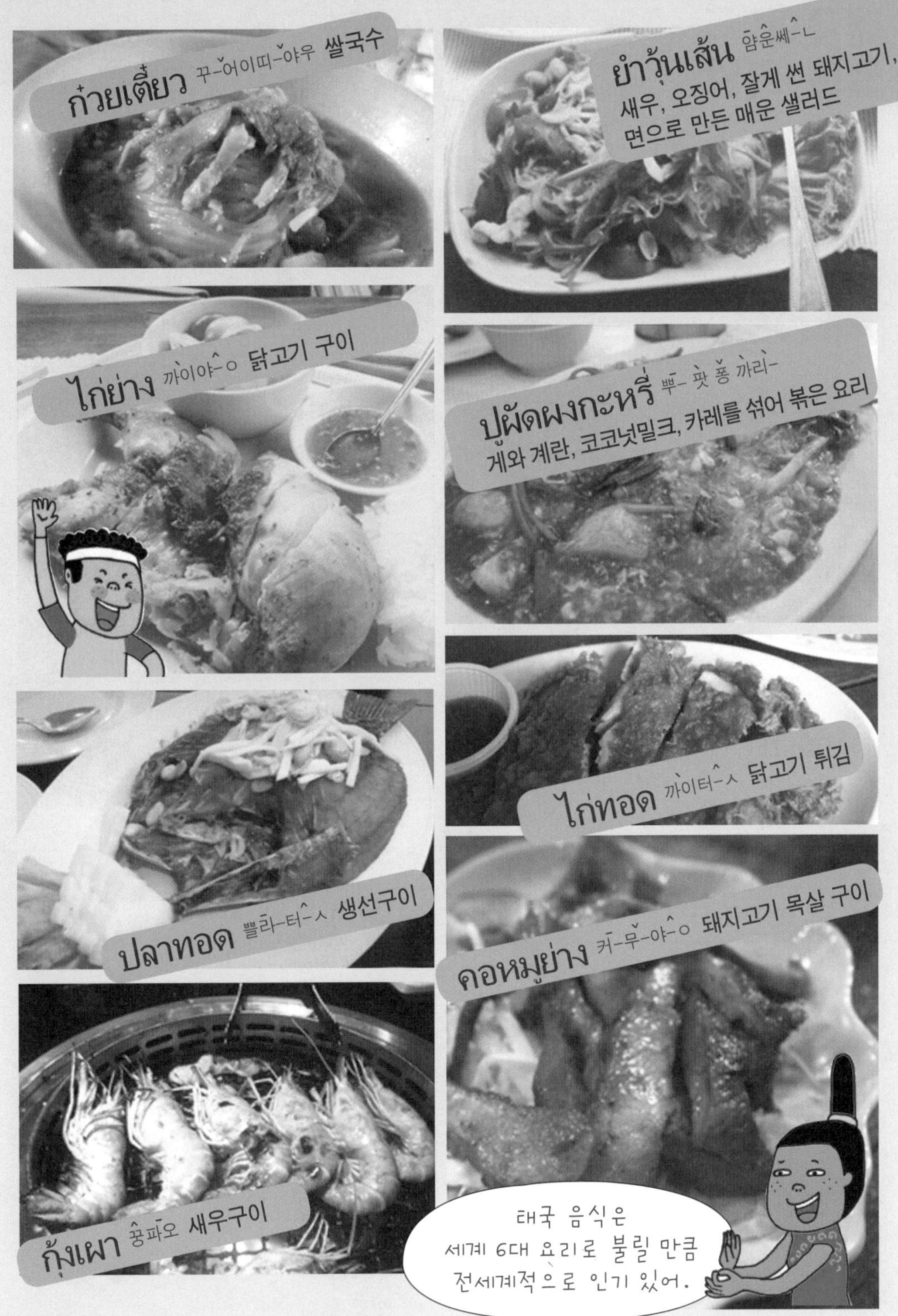
ก๋วยเตี๋ยว 꾸-어이띠-야우 쌀국수
ยำวุ้นเส้น 얌운쎄-ㄴ
새우, 오징어, 잘게 썬 돼지고기, 면으로 만든 매운 샐러드
ไก่ย่าง 까이야-ㅇ 닭고기 구이
ปูผัดผงกะหรี่ 뿌- 팟 퐁 까리-
게와 계란, 코코넛밀크, 카레를 섞어 볶은 요리
ไก่ทอด 까이터-ㅅ 닭고기 튀김
ปลาทอด 쁠라-터-ㅅ 생선구이
คอหมูย่าง 커-무-야-ㅇ 돼지고기 목살 구이
กุ้งเผา 꿍파오 새우구이
태국 음식은
세계 6대 요리로 불릴 만큼
전세계적으로 인기 있어.

태국의 열대 과일

태국 열대 과일이
엄청 맛있다고 하는데
이름을 모르겠어~

아핫! 그까이꺼
내가 알려주지~

TRACK 57

ผลไม้ 과일
폰̌라́마́이

ทุเรียน 두리안
투́리̄얀

มะม่วง 망고
마́무̂엉

มะนาว 라임
마́나̄우

กล้วย 바나나
끌루̂어이

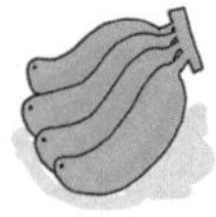

แตงโม 수박
때̄ㅇ모̄

มะละกอ 파파야
마́라́꺼̄

ลิ้นจี่ 리치
린́찌̀

ชมพู่ 레드 애플
촘푸̂

แก้วมังกร 용과
깨̂우망̄껀

ขนุน 잭후르츠
카̀눈̌

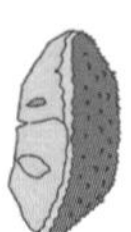

มังคุด 망고스틴
망̄쿳

음료와 주류

TRACK 58

น้ำเปล่า 남쁠라-오	물		น้ำส้ม 남쏨	오렌지 주스
ผลไม้ปั่น 폰라마이빤	과일 쉐이크		นม 놈	우유
ชา 차-	차		ชาเย็น 차-옌	태국 밀크티
กาแฟ 까-퀘-	커피		โอเลี้ยง 오-리-양	태국식 커피
เหล้า 라-오	술		เบียร์ 비-야	맥주
แสงโสม 쌔-ㅇ쏨	태국식 위스키			

주문하시겠어요?

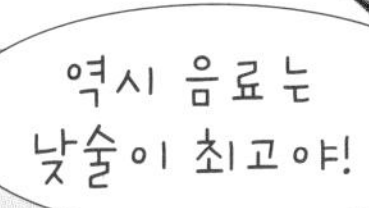
역시 음료는
낮술이 최고야!

음식과 관련된 표현

กิน	낀	먹다	ทาน	타-ㄴ	먹다, 드시다
ดื่ม	드-ㅁ	마시다	แตงโมปั่น	때-ㅇ모-빤	수박 쉐이크
ปั่น	빤	회전하다 과일과 함께 쓰여 생과일 쉐이크의 의미로 사용된다.			
ต้ม	똠	끓이다	ผัด	팟	볶다
ปิ้ง	삥	굽다	ย่าง	야-ㅇ	굽다
ทอด	터-ㅅ	튀기다	เผา	파오	불에 넣어 조리하다
รส	롯	맛	หวาน	와-ㄴ	달다
ขม	콤	쓰다	เค็ม	켐	짜다
เปรี้ยว	쁘리-여우	시다	เผ็ด	펫	맵다
ข้าว	카-우	밥, 쌀	เส้น	쎄-ㄴ	면
ขนม	카놈	과자, 디저트	เค้ก	케-ㄱ	케이크

내가 다
먹을거야!

라̄- 카̄- 타̂오 라̄이

ราคาเท่าไร

가격이 얼마입니까?

TRACK 59

폰(ฝน) **กระเป๋าสวย มีสีอะไรบ้างคะ**
끄̀라 빠̌오 쑤̌-어이 미̄- 씨̌- 아̀ 라̄이 바̂-ㅇ 카́

시장 상인 (พ่อค้า) **มีสีชมพู สีเขียว สีแดง และสีดำครับ**
미̄ 씨̌- 촘̄ 푸̄- 씨̌-키̌-여우 씨̌- 대̄-ㅇ 래́ 씨̌- 담̄ 크랍́

남자 상인일 때는 **พ่อค้า** 퍼̂-카́-
여자 상인일 때는 **แม่ค้า** 매̂-카́- 라고 해.

ราคาเท่าไรคะ
라̄- 카̄- 타̂오 라̄이 카́

ราคาอันละ 2,000 บาทครับ
라̄- 카̄- 안̄ 라́ 써̌-ㅇ판̄ 바̀-ㅅ 크랍́

แพงค่ะ ลดราคาให้หน่อยได้ไหมคะ
패̄-ㅇ 카̂ 롯́ 라̄- 카̄- 하̂이 너̀-이 다̂이 마̌이 카́

ไม่ได้ครับ
마̂이 다̂이 크랍́

ราคาถูกกว่าในห้างสรรพสินค้าครับ
라̄- 카̄- 투̀-ㄱ 꽈̀- 나̄이 하̂-ㅇ 쌉̀ 파́ 씬̌ 카́- 크랍́

폰이 시장 상인에게 가방을 구매하고 있다.

폰	가방이 이쁘네요. 무슨 색이 있습니까?
상인	분홍색, 초록색, 빨간색, 검정색이 있습니다.
폰	가격이 얼마입니까?
상인	한 개당 2,000 밧입니다.
폰	비싸군요. 할인해주실 수 있습니까?
상인	안 됩니다. 백화점보다 가격이 저렴합니다.

단어 TRACK 60

- กระเป๋า 끄라빠-오 가방
- สี 씨- 색
- สีเขียว 씨-키-여우 초록색
- สีดำ 씨-담 검정색
- เท่าไร 타오라이 얼마나, 얼마
- ละ 라 ~당, ~마다
- แพง 패-ㅇ 비싸다
- ให้ 하이 주다, ~해주다, ~하게 하다
- กว่า 꽈- ~보다
- ห้างสรรพสินค้า 하-ㅇ쌉파씬카- 백화점
- สวย 쑤-어이 예쁘다, 아름답다
- สีชมพู 씨-촘푸- 분홍색
- สีแดง 씨-대-ㅇ 빨간색
- ราคา 라-카- 가격
- อัน 안 **수량사** ~개
- บาท 바-ㅅ 태국 화폐 단위, 밧(Baht)
- ลด 롯 줄다, 줄이다
- ถูก 투-ㄱ 저렴하다, 싸다
- ใน 나이 ~안에, ~가운데, 안의

09 아주 쉬운 해설

I. กระเป๋าสวย มีสีอะไรบ้าง

가방이 예쁘네요. 무슨 색깔이 있습니까?

1 색깔

TRACK 61

สีขาว	씨- 카-오	흰색
สีดำ	씨- 담	검정색
สีเทา	씨- 타오	회색
สีเงิน	씨- 응으ㅓ-ㄴ	은색
สีทอง	씨- 터-ㅇ	금색
สีชมพู	씨-촘푸-	분홍색
สีส้ม	씨- 쏨	주황색
สีแดง	씨-대-ㅇ	빨간색
สีเหลือง	씨- 르-엉	노란색
สีน้ำตาล	씨- 남따-ㄴ	갈색
สีน้ำเงิน	씨- 남응으ㅓ-ㄴ	남색
สีฟ้า	씨- 퐈-	하늘색
สีม่วง	씨- 무-엉	보라색
สีเขียว	씨- 키-여우	초록색

2 물건 묘사하기

사물과 사람에게 모두 사용 가능한 표현인 **สวย** 쑤-어이, **หล่อ** 러-, **น่ารัก** 나-락 등을 사용하여 물건에 대한 묘사를 할 수 있다.

สวย 쑤–어이 이쁘다, 아름답다	หล่อ 러– 잘생기다	น่ารัก 나–락 귀엽다

- กระเป๋าสีม่วงนี้สวย 이 보라색 가방은 예쁩니다.
  끄라빠–오 씨– 무–엉 니– 쑤–어이
- ดินสอสีเหลืองนี้น่ารัก 이 노란색 연필은 귀엽다.
  딘써– 씨–르–엉 니– 나–락
- คนหล่อ 잘생긴 사람
  콘 러–
- เขาเต้นน่ารัก 그는 귀엽게 춤을 춘다.
  카오 떼–ㄴ 나–락

▪ ดินสอ 딘써– 연필 ▪ เต้น 떼–ㄴ 춤추다

2. ราคาเท่าไร 가격이 얼마입니까?

1 ราคาเท่าไร 라–카– 타오라이 혹은 ราคาเท่าไหร่ 라–카– 타오라이 는 가격을 묻는 표현이다.

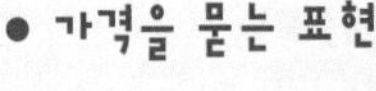

อันนี้ราคาเท่าไร
안니- 라-카- 타오라이
이것은 얼마입니까?

พวกนี้ราคาเท่าไร
푸-억니- 라-카- 타오라이
이것들은 얼마입니까?

กระเป๋าอันนี้ราคาเท่าไหร่
끄라빠-오 안니- 라-카- 타오라이
이 가방은 얼마입니까?

ดินสอสีชมพู 3 แท่งนี้ราคาเท่าไหร่
딘써- 씨- 촘푸- 싸-ㅁ 태-ㅇ 니- 라-카- 타오라이
분홍색 연필 3 자루는 가격이 어떻게 됩니까?

▪ **แท่ง** 태-ㅇ 덩어리를 셀 때 사용하는 유별사

2 수량사

อัน 안
일반적으로 ~개를 나타내는 수량사

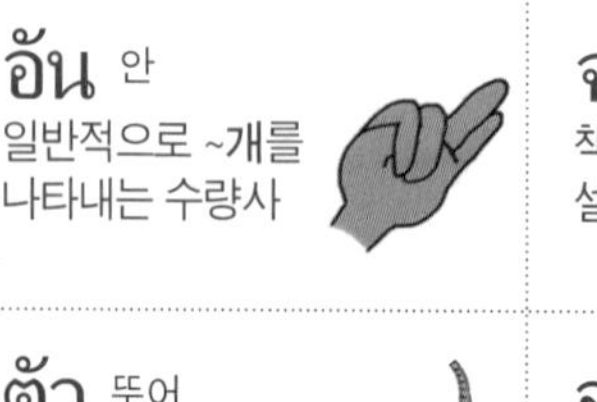

ฉบับ 차밥
책, 원고, 신문 등을 셀 때 사용

แห่ง 해-ㅇ
장소 ~개 지역, ~곳

ตัว 뚜어
배우 ~명, 동물 ~마리, 책상, 의자 ~개, 표 등 ~장

ลูก 루-ㄱ
공, 돌멩이, 과일 등을 셀 때 사용

คัน 칸
자동차, 숟가락, 포크, 우산 등 손잡이가 있는 것을 셀 때 사용

เล่ม 레-ㅁ
책, 서적 등 ~권, 칼, 바늘, 양초 등 긴 물건 ~자루, ~개

แท่ง 태-ㅇ
연필, 분필 등 덩어리를 셀 때 사용

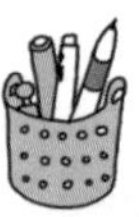

ราคาอันละ 2,000 บาท
라-카- 안 라 써-ㅇ판 바-ㅅ
개당 2천 밧

มีหนังสือพิมพ์ 6 ฉบับ
미- 낭쓰-핌 혹 차밥
신문 6부가 있습니다.

ห้องน้ำแห่งหนึ่ง
허-ㅇ남 해-ㅇ 능
화장실 1 곳

เก้าอี้ตัวละ 240 บาท
까오이- 뚜어 라 써-ㅇ러-이 씨-씹 바-ㅅ
의자 개당 240밧

กล้วย 1 ลูก
끌루-어이 능 루-ㄱ
바나나 1개

รถคันนี้สีดำ
롯 칸 니- 씨- 담
이 자동차는 검정색입니다.

คุณมีเทียน 5 เล่มไหม
쿤 미- 티-얀 하- 레-ㅁ 마이
양초 5개가 있습니까?

ดินสอสีชมพู 3 แท่งนี้ราคา 50 สตางค์
딘써- 씨- 촘푸- 싸-ㅁ 태-ㅇ 니- 라-카- 하-씹 싸따-ㅇ
분홍색 연필 3자루는 50 싸땅입니다.

- หนังสือพิมพ 낭쓰-핌 신문
- ห้องน้ำ 허-ㅇ남 화장실
- เก้าอี้ 까오이- 의자
- รถ 롯 자동차
- เทียน 티-얀 양초
- สตางค์ 싸따-ㅇ 태국의 가장 작은 화폐 단위로 100분의 1 밧

3. ลดราคาให้หน่อยได้ไหม 할인해 주실 수 있습니까?

1 ให้ 하이는 주다, ~해주다, ~하게 하다라는 의미로 일상생활에서 다양한 표현으로 사용된다.

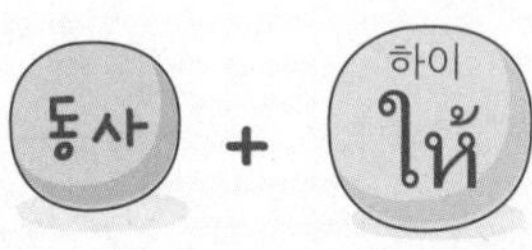

주다, ~해주다,
~하게 하다

- ลดราคาให้หน่อย
  롯 라-카- 하이 너-이
  할인해 주십시오.
- อยากให้รู้
  야-ㄱ 하이 루-
  알았으면 좋겠습니다.
- ผมจะแนะนำให้
  폼 짜 내남 하이
  제가 소개해 드리겠습니다.
- เราไม่เคยให้ของขวัญวันเกิด
  라오 마이 커-이 하이 커-ㅇ콰-ㄴ 완끄ㅓ-ㄷ
  저는 생일 선물을 줘 본 적이 없습니다.

- รู้ 루- 알다 공경 표현은 ทราบ 싸-ㅂ
- แนะนำ 내남 소개하다
- เรา 라오 우리, 나 구어체에서 본인을 지칭하는 단어로 사용된다.
- ของขวัญ 커-ㅇ콰-ㄴ 선물

2 **กว่า** 꽈- **~보다** 를 사용하여 각각의 상대나 상황 등을 비교하는 표현을 할 수 있다.

● 비교 꽈- กว่า + 상대·상황 ~보다

ราคาถูกกว่าในห้างสรรพสินค้า
라-카- 투-ㄱ 꽈- 나이 하-ㅇ쌉파씬카-
백화점에 있는 것(물건)보다 저렴합니다.

อยากไปตลาดมากกว่าห้างสรรพสินค้า
야-ㄱ 빠이 딸라-ㅅ 마-ㄱ 꽈- 하-ㅇ쌉파씬카-
백화점보다 시장에 더 가고 싶습니다.

ลูกชายสูงกว่าแม่
루-ㄱ차-이 쑤-ㅇ 꽈- 매-
아들이 엄마보다 키가 큽니다.

ผมอ้วนกว่าน้องสาว
폼 우-언 꽈- 너-ㅇ싸-우
저는 여동생보다 뚱뚱합니다.

ฉันชอบกาแฟร้อนมากกว่ากาแฟเย็น
찬 처-ㅂ 까-퐤-러-ㄴ 마-ㄱ꽈- 까-퐤-옌
저는 차가운 커피보다 따뜻한 커피를 더 좋아합니다.

- **ตลาด** 딸라-ㅅ 시장
- **เตี้ย** 띠-야 키가 작다, 낮다
- **ผอม** 퍼-ㅁ 마르다, 날씬하다
- **เย็น** 옌 차갑다
- **สูง** 쑤-ㅇ 키가 크다, 높다
- **อ้วน** 우-언 뚱뚱하다
- **ร้อน** 러-ㄴ 덥다, 뜨겁다

태국에서 통하는 회화 따라하기

01 물건 사기

กระเป๋าสวย มีสีอะไรบ้างคะ 가방이 이쁩니다. 무슨 색이 있습니까?
끄라 빠-오 쑤-어이 미-씨- 아 라이 바-ㅇ 카

มีสีชมพู สีเขียว สีม่วง และสีเทาครับ
미- 씨- 촘 푸- 씨-키-여우 씨- 무-엉 래 씨- 타-오 크랍
분홍색, 초록색, 보라색, 그리고 회색이 있습니다.

ราคาเท่าไรคะ 가격이 얼마입니까?
라- 카- 타오 라이 카

ราคาอันละ 800 บาทครับ 한 개에 800 밧입니다.
라- 카- 안 라 빼-ㅅ러-이 바-ㅅ 크랍

กระโปรงน่ารัก มีสีอะไรบ้างคะ 치마가 귀엽습니다. 무슨 색이 있습니까?
끄라 쁘롱 나- 락 미- 씨- 아 라이 바-ㅇ 카
▪ **กระโปรง** 끄라쁘롱 치마

มีสีขาว สีเงิน และสีทองครับ 흰색, 은색, 그리고 금색이 있습니다.
미-씨-카-우 씨- 응으-ㅓ-ㄴ 래 씨- 터-ㅇ 크랍

옷을 셀 때 사용하는 수량사는 **ตัว** 뚜어 이며, **อัน** 안 도 사용 가능해.

ราคาเท่าไรคะ 가격이 얼마입니까?
라- 카- 타오 라이 카

ราคาตัวละ 200 บาทครับ 한 벌에 200 밧입니다.
라- 카- 뚜어 라 써-ㅇ러-이 바-ㅅ 크랍

02 비교 구문

กระโปรงตัวนี้แพงมาก ลดราคาให้หน่อยได้ไหมคะ

끄라 쁘롱 뚜어 니- 패-ㅇ 마-ㄱ 롯 라-카- 하이 너-이 다이 마이 카

이 치마는 너무 비쌉니다. 할인 해주실 수 있습니까?

ไม่ได้ครับ ราคาถูกกว่าในห้างสรรพสินค้าครับ

마이 다이 크랍 라- 카- 투-ㄱ 꽈- 나이 하-ㅇ 쌉 파 씬 카- 크랍

안 됩니다. 백화점에서 파는 가격보다 저렴합니다.

หนังสือเล่มนี้แพงกว่าในอินเตอร์เน็ต

낭 쓰- 레-ㅁ 니- 패-ㅇ 꽈- 나이 인 떠- 넷

ลดราคาให้หน่อยได้ไหมคะ

롯 라- 카- 하이 너-이 다이 마이 카

이 책은 인터넷에서보다 비쌉니다. 할인 해주실 수 있습니까?

ไม่ได้ครับ ราคาถูกกว่าในตลาดครับ

마이 다이 크랍 라- 카- 투-ㄱ 꽈- 나이 딸라-ㅅ 크랍

안 됩니다. 시장에서 파는 가격보다 저렴합니다.

แพง 패-ㅇ 비싸다 과 **ถูก** 투-ㄱ 저렴하다, 싸다, **ลดราคาให้หน่อย** 롯 라-카- 하이 너-이 할인 해주실 수 있습니까? 는 태국에서 쇼핑할 때 자주 사용하는 표현이므로 꼭 외워 두도록 해.

태국의 화폐

태국으로
이번 여행을 떠날까 해~
아~생각만 해도
행복하다~~
환전은 했어?
그나 저나 화폐단위는
알고 말하는거야?

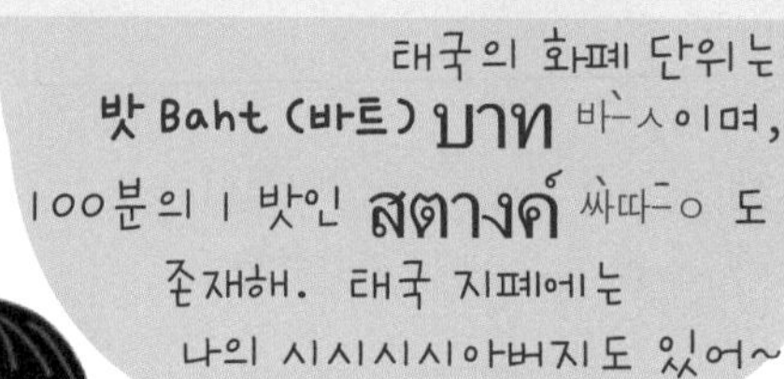

태국의 화폐 단위는
밧 Baht (바트) บาท 바ˋㅅ이며,
100분의 1 밧인 สตางค์ 싸따-ㅇ 도
존재해. 태국 지폐에는
나의 시시시시아버지도 있어~
바ˋㅅ 싸따-ㅇ
1 บาท = 100สตางค์
1밧(Baht) 100 사땅(Satang)

현 국왕인
푸미폰 국왕의 초상이
그려져 있단 말이지?
너 자꾸 왕족 모독하면
큰 코 다쳐!

1000
이 정도 금액이면
뭘 살 수 있어?
1,000 บาท 판 바ˋㅅ
가장 큰 단위의 화폐로
잘만 하면 태국에서
일주일도 지낼수 있는
정도의 금액이야~

● 지폐 ธนบัตร 탄나밧

● 동전 เหรียญ 리얀

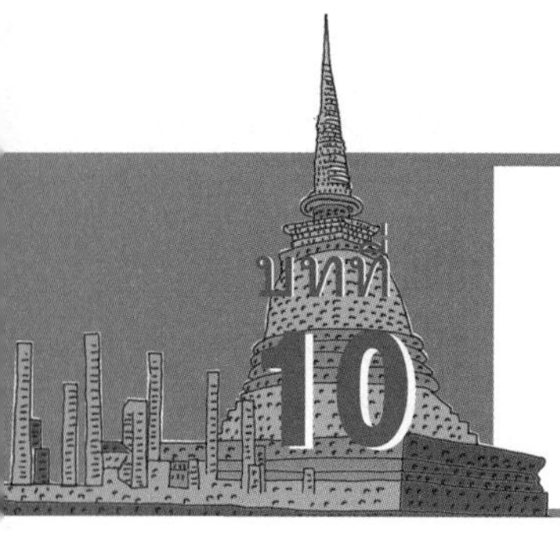

쿤 마ˆ이 싸ˋ 바ˉ이 르ˇ- 쁠라ˋ-오

คุณไม่สบายหรือเปล่า

어디 아프십니까?

폰(ฝน) คุณไม่สบายหรือเปล่าคะ

쿤 마ˆ이 싸ˋ 바ˉ이 르ˇ- 쁠라ˋ-오 카ˊ

성민(ซองมิน) ครับ ผมปวดแขน ครับ

크ˊ랍 폼ˇ 뿌ˋ-엇 캐ˇ-ㄴ 크ˊ랍

เมื่อวานนี้ผมถูกรถชนครับ

므ˆ-어 와ˉ-ㄴ 니ˊ- 폼ˇ 투ˋ-ㄱ 롯ˊ 촌 크ˊ랍

คุณต้องไปหาหมอค่ะ

쿤 떠ˆ-ㅇ 빠ˉ이 하ˇ- 머ˇ- 카ˆ

ช่วยพาผมไปโรงพยาบาลหน่อยครับ

추ˆ-어이 파ˉ- 폼ˇ 빠ˉ이 로ˉ-ㅇ 파ˊ 야ˉ- 바ˉ-ㄴ 너ˋ-이 크ˊ랍

성민이 전날 일어난 자동차 사고로 인한 통증을 호소하며 폰에게 병원에 데려가 달라고 부탁하고 있다.

폰 어디 아프십니까?

성민 네, 팔이 아픕니다.
어제 차에 부딪혔습니다.

폰 당신은 의사를 만나러 가야 합니다.

성민 저를 병원에 좀 데려다 주십시오.

단어

TRACK 65

- ไม่สบาย 마이싸바-이 아프다, 병이 나다
- หรือเปล่า 르- 쁠라-오 ~입니까 아닙니까?

  เปล่า 쁠라-오는 **그렇지 않다**라는 부정의 뜻이다. 의문문에서는 문장 끝에 **หรือเปล่า** 르- 쁠라-오 **~입니까 아닙니까?** 라는 뜻으로 사용된다. 이에 대해 **เปล่า** 쁠라-오 **아닙니다** 만 사용하여 대답할 수 있다.

- ปวด 뿌-엇 아프다
- แขน 캐-ㄴ 팔
- เมื่อวาน, เมื่อวานนี้ 므-어와-ㄴ, 므-어와-ㄴ니- 어제
- ถูก 투-ㄱ **수동형** 당하다, 받다
- รถ 롯 차
- ชน 촌 부딪히다
- ต้อง 떠-ㅇ **의무** ~해야한다
- หา 하- 찾다, 방문하다
- หมอ 머- 의사
- ช่วย 추-어이 돕다
- พา 파- 데려가다
- โรงพยาบาล 로-ㅇ파야-바-ㄴ 병원

10 아주 쉬운 해설

1. คุณไม่สบายหรือเปล่า 어디 아프십니까?

1 신체 부위와 증상

TRACK 66

1. หน้าผาก 나-파-ㄱ 이마
2. หน้า 나- 얼굴
3. หัว 후어 머리
4. หู 후- 귀
5. ปาก 빠-ㄱ 입
6. ตา 따- 눈
7. นิ้ว 니우 손가락
8. คาง 카-ㅇ 턱
9. ฟัน 퐌 이
10. คอ 커- 목
11. แก้ม 깨-ㅁ 볼
12. หลัง 랑 등
13. มือ 므- 손
14. แขน 캐-ㄴ 팔
15. เอว 에-우 허리
16. ไหล่ 라이 어깨
17. ท้อง 터-ㅇ 배
18. ก้น 꼰 엉덩이
19. ขา 카- 다리
20. เข่า 카오 무릎
21. นิ้วเท้า 니우타오 발가락
22. เท้า 타오 발

ไม่สบาย 마이 싸바-이 아프다	ป่วย 뿌-어이 병이 나다, 아프다	ป่วยหนัก 뿌-어이 낙 몹시 아프다
ป่วยบ่อย 뿌-어이 버-이 자주 아프다	ปวด 뿌-엇 아프다, 통증이 있다	เจ็บ 쩹 상처 등으로 어떠한 부위가 아프다
แสบ 쌔-ㅂ 따끔따끔 아프다, 쓰리다	ปวดหัว 뿌-엇 후어 머리가 아프다	แสบหน้า 쌔-ㅂ 나- 얼굴이 따끔거리다
แสบตา 쌔-ㅂ 따- 눈이 따끔거리다	ปวดหู 뿌-엇 후- 귀가 아프다	ปวดฟัน 뿌-엇 퐌 이가 아프다, 치통이 있다
เจ็บคอ 쨉커- 목이 아프다	แสบคอ 쌔-ㅂ커- 목이 따끔거리다	ปวดไหล่ 뿌-엇 라이 어깨가 아프다
ปวดหลัง 뿌-엇 랑 등이 아프다	ปวดเอว 뿌-엇 에-우 허리가 아프다	ปวดแขน 뿌-엇 캐-ㄴ 팔이 아프다
ปวดขา 뿌-엇 카- 다리가 아프다	ปวดเข่า 뿌-엇 카오 무릎이 아프다	ปวดท้อง 뿌-엇 터-ㅇ 배가 아프다
ท้องเสีย 터-ㅇ 씨-야 배탈이 나다	ท้อง, มีท้อง 터-ㅇ, 미-터-ㅇ 임신하다	เจ็บมือ 쩹므- 손이 아프다
เจ็บเท้า 쩹타오 발이 아프다	เป็นหวัด 뻰 왓 감기에 걸리다	เป็นไข้ 뻰 카이 열이 나다
น้ำมูกไหล 남무-ㄱ라이 콧물이 나다	เป็นโรค 뻰 로-ㄱ 병에 걸리다	

2 상대방의 건강이 안 좋아보일 때, **คุณไม่สบายหรือเปล่า** 쿤 마이 싸바-이 르- 쁠라-오 **어디 아프십니까?** 라는 표현을 사용하여 상대의 건강상태를 물어볼 수 있다. 이 때, 아무 증상이 없다면 **아니요**란 뜻의 **เปล่า** 쁠라-오 를 사용하여 본인의 건강상태를 나타낼 수 있다.

คุณไม่สบายหรือเปล่าครับ 어디 아프십니까?
쿤 마이 싸바-이 르- 쁠라-오 크랍

ฉันเป็นหวัดค่ะ 감기에 걸렸습니다.
찬 뻰 왓 카

คุณไม่สบายหรือเปล่าคะ 어디 아프십니까?
쿤 마이 싸바-이 르- 쁠라-오 카

ผมท้องเสียครับ 배탈이 났습니다.
폼 터-ㅇ 씨-야 크랍

คุณไม่สบายหรือเปล่าครับ 어디 아프십니까?
쿤 마이 싸바-이 르- 쁠라-오 크랍

ฉันรู้สึกไม่สบายค่ะ 아픈 것 같습니다.
찬 루-쓱 마이 싸바-이 카

คุณไม่สบายหรือเปล่าคะ 어디 아프십니까?
쿤 마이 싸바-이 르- 쁠라-오 카

เปล่าครับ ผมสบายดีครับ 아니오, 괜찮습니다.
쁠라-오 크랍 폼 싸바-이디- 크랍

- รู้สึก 루-쓱 느끼다

2. เมื่อวานนี้ฉันถูกรถชน 어제 차에 부딪혔습니다.

1 ถูก 투-ㄱ 은 당하다, 받다라는 의미로 수동형을 나타낼 때 사용된다.

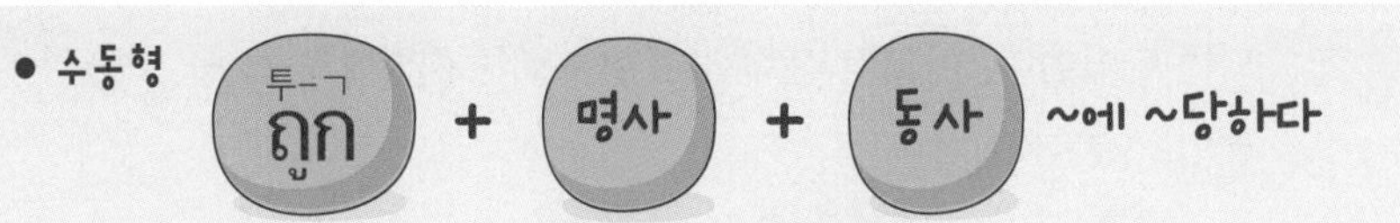

- **ผมถูกรถชน** 차에 부딪혔습니다.
  폼 투-ㄱ 롯 촌

- **วันนี้ฉันถูกจักรยานชน** 오늘 자전거에 부딪혔습니다.
  완니- 찬 투-ㄱ 짝끄라야-ㄴ 촌
- **เขาถูกตำรวจจับ** 그는 경찰에 붙잡혔습니다.
  카오 투-ㄱ 땀루-엇 짭

- จักรยาน 짝끄라야-ㄴ 자전거
- ตำรวจ 땀루-엇 경찰
- จับ 짭 잡다

TRACK 67
รถ 자동차
롯
จักรยาน
짝끄라야-ㄴ
자전거
มอเตอร์ไซค์
머-떠-싸이
오토바이
รถไฟ
롯파이
기차
รถไฟฟ้า
롯파이파-
전철, 지상철
รถไฟใต้ดิน
롯파이따이딘
지하철
แท็กซี่
택씨-
택시
รถเมล์ 롯메-
รถบัส 롯밧
버스
เรือ
르-아
배
เครื่องบิน
크르-엉빈
비행기

3. คุณต้องไปหาหมอ 당신은 의사를 만나러 가야 합니다.

~해야 한다는 뜻의 조동사 **ต้อง** 떠-ㅇ 은 의무, 필수사항 등을 나타낼 때 사용되는 단어이다. 비교적 온화한 표현으로는 **ควร** 쿠-언 을 사용하여 권유, 조언 등이 가능하다.

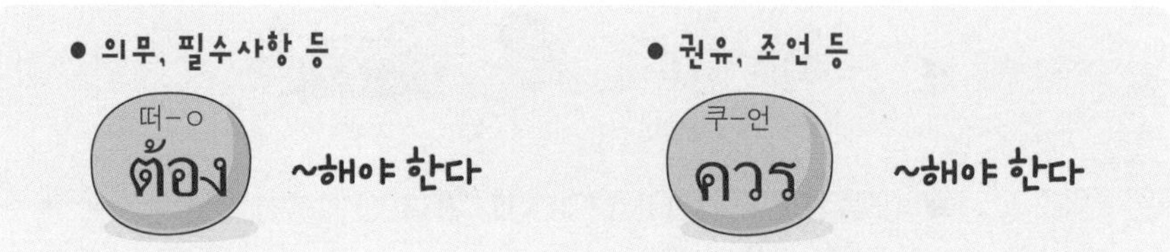

คุณต้องมาที่นี่ 당신은 이 곳에 와야 합니다.
쿤 떠-ㅇ 마- 티-니-

คุณต้องไปหาอาจารย์ 당신은 교수님을 뵈러 가야 합니다.
쿤 떠-ㅇ 빠이 하- 아-짜-ㄴ

คุณต้องส่งการบ้านภายในวันนี้
쿤 떠-ㅇ 쏭 까-ㄴ바-ㄴ 파-이 나이 완니-
당신은 오늘 내에 과제를 제출하여야 합니다.

คุณต้องออกกำลังกายวันละ 30 นาที
쿤 떠-ㅇ 어-ㄱ깜랑까-이 완 라 싸-ㅁ씹 나-티-
당신을 매일 30분씩 운동하여야 합니다.

- ส่ง 쏭 보내다, 제출하다
- การบ้าน 까-ㄴ바-ㄴ 숙제, 과제
- ภายใน 파-이나이 ~이내에, ~안에
- ออกกำลังกาย 어-ㄱ깜랑까-이 운동하다

๔. ช่วยพาไปโรงพยาบาลหน่อย

병원에 좀 데려다 주십시오.

부탁을 할 때에는 **ช่วย** 추-어이 **돕다** 또는 **ขอ** 커- **부탁하다, 청하다, 요구하다** + **부탁** + **หน่อย** 너-이 **좀**와 같은 표현을 사용 가능하다.

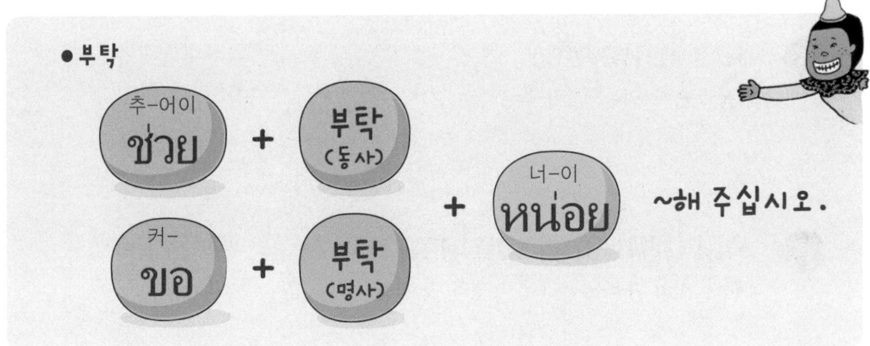

ช่วยพาผมไปโรงพยาบาลหน่อย
추-어이 파- 폼 빠이 로-ㅇ파야-바-ㄴ 너-이

저를 병원에 좀 데려다 주십시오.

ขอน้ำหน่อย
커- 남 너-이

물 좀 주십시오.

태국에서 통하는 회화 따라하기

01 증상 묻기

คุณไม่สบายหรือเปล่าคะ 어디 아프십니까?
쿤 마̂이 싸̀ 바̄이 르̌- 쁠라̀-오 카́

ผมเจ็บคอครับ 목이 아픕니다.
폼̌ 쩹̀ 커̄- 크랍́

คุณไม่สบายหรือเปล่าครับ 어디 아프십니까?
쿤 마̂이 싸̀ 바̄이 르̌- 쁠라̀-오 크랍́

ฉันเป็นไข้ค่ะ 열이 납니다.
찬́ 뻰̄ 카̂이 카̂

คุณไม่สบายหรือเปล่าคะ 어디 아프십니까?
쿤 마̂이 싸̀ 바̄이 르̌- 쁠라̀-오 카́

เปล่าครับ ผมสบายดีครับ 아니오, 괜찮습니다.
쁠라̀-오 크랍́ 폼̌ 싸̀ 바̄이 디̄- 크랍́

보통 신체의 어느 부위가 아프다고 말할 때, ปวด 뿌어-ㅅ + 신체부위란 표현을 많이 사용하지만 아닌 경우도 있으므로 유의해야 해.

02 수동형 만들기

เช้านี้ฉันถูกหมากัดค่ะ
차́오 니́- 찬́ 투̀-ㄱ 마̌- 깟̀ 카̂

오늘 아침 개에 물렸습니다.

★ กัด 깟 물다

ex) หมากัด 마-깟 개가 물다
ยุงกัด 융 깟 모기가 물다

คุณต้องไปหาหมอครับ
쿤 떠̂-ㅇ 빠이 하̌- 머̌- 크́랍

당신은 의사를 만나러 가야 합니다.

เมื่อวานนี้เพื่อนถูกรถชนครับ
므̂-어 와-ㄴ 니́- 프̂-언 투̀-ㄱ 롯́ 촌 크́랍

어제 친구가 차에 부딪혔습니다.

ที่ไหนคะ
티̂- 나̌이 카́

어디에서요?

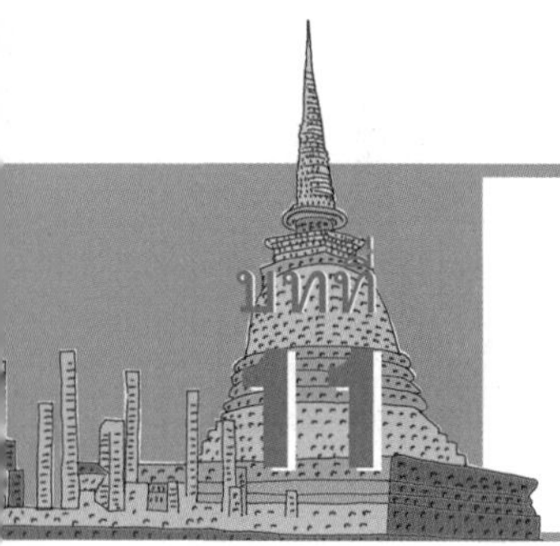

차이 웰- 라- 나-ㄴ 타오 라이

ใช้เวลานานเท่าไหร่

시간이 얼마나 걸립니까?

지영 (จียอง) วันนี้รถติดมากค่ะ

완 니- 롯 띳 마-ㄱ 카

떠 (ต่อ) วันเสาร์อาทิตย์รถติดหนักทั้งวันครับ

완 싸-오 아- 팃 롯 띳 낙 탕 완 크랍

ใช้เวลานานเท่าไรจากที่นี่ไปถึงสถานีรถไฟคะ

차이 웰- 라- 나-ㄴ 타오 라이 짜-ㄱ 티- 니- 빠이 트-ㅇ 싸 타- 니- 롯 퐈이 카

ใช้เวลาประมาณ 50 นาทีครับ

차이 웰- 라- 쁘라 마-ㄴ 하- 씹 나- 티- 크랍

ช่วยจอดรถที่ป้ายรถเมล์

추-어이 쩌-ㅅ 롯 티- 빠-이 롯 메-

ฉันจะนั่งรถเมล์ไปสถานีรถไฟค่ะ

찬 짜 낭 롯 메- 빠이 싸 타- 니- 롯 퐈이 카

지영이 떠의 차를 타고 기차역으로 이동중인데, 주말이라 길이 심하게 막혀 버스로 갈아타려 한다.

지영	오늘 길이 많이 막히네요.
떠	주말에는 하루 종일 길이 심하게 막힙니다.
지영	여기에서 기차역까지 얼마나 걸립니까?
떠	약 50분 걸립니다.
지영	버스 정류장에 내려주세요. 버스를 타고 기차역에 가야겠습니다.

단어 TRACK 71

- รถ 롯 자동차
- รถติด 롯띳 차가 막히다
- ทั้งวัน 탕완 온종일, 하루종일
- เวลา 웰-라- 시간
- นาน 나-ㄴ 시간이 길다, 오래다
- ถึง 트-ㅇ 도착하다, 닿다, 이르다
- รถไฟ 롯퐈이 기차
- จอด 쩌-ㅅ 대다, 주차하다
- ป้ายรถเมล์ 빠-이 롯메- 버스정류장
- ติด 띳 바싹 달라 붙다
- หนัก 낙 무겁다
- ใช้ 차이 사용하다
- ใช้เวลา 차이 웰-라- 시간이 걸리다
- จาก 짜-ㄱ ~에서, ~부터
- สถานี 싸타-니- 역
- ประมาณ 쁘라마-ㄴ 약, 대략
- ป้าย 빠-이 간판, 버스정류장의 표시판
- นั่ง 낭 앉다, 타다

11 아주 쉬운 해설

1. ใช้เวลานานเท่าไหร่ 시간이 얼마나 걸립니까?

소요 시간을 물을 때에는 **ใช้เวลา** 차이웰-라- **시간이 걸리다** 를 사용하여 **ใช้เวลานานเท่าไหร่** 차이웰-라- 나-ㄴ 타오라이 **시간이 얼마나 오래 걸립니까?** 라는 표현을 사용할 수 있다.

시간이 걸리다

ใช้เวลานานเท่าไหร่ครับ 시간이 얼마나 걸립니까?
차이 웰-라- 나-ㄴ 타오라이 크랍

ใช้เวลาประมาณ 2 ชั่วโมงค่ะ 약 2시간 걸립니다.
차이 웰-라- 쁘라마-ㄴ 써-ㅇ 추어모-ㅇ 크랍

ใช้เวลานานเท่าไรจากโรงแรมไปถึงสนามบินครับ
차이 웰-라- 나-ㄴ 타오라이 짜-ㄱ 로-ㅇ래-ㅁ 빠이 트-ㅇ 싸나-ㅁ빈 크랍

호텔에서 공항까지 시간이 얼마나 걸립니까?

นั่งแท็กซี่ใช้เวลาประมาณ 40 นาทีค่ะ
낭 택씨- 차이 웰-라- 쁘라마-ㄴ 씨-씹 나-티- 카

택시를 타면 40분 정도 걸립니다.

ใช้เวลานานเท่าไรจากตลาดนัมแดมุนไปพระราชวังคยองบกกุงครับ

차이 웰-라- 나-ㄴ 타오라이 짜-ㄱ 딸라-ㅅ 남대-문 빠이 프라라-ㅅ차왕 켜-ㅇ복꿍 크랍

남대문 시장에서 경복궁까지 시간이 얼마나 걸립니까?

นั่งรถบัสสาย 11 ใช้เวลาเพียง 22 นาทีค่ะ

낭 롯밧 싸-이 씹엣 차이 웰-라- 피-양 이-씹 써-ㅇ 나-티- 카

11번 버스를 타면 22분 밖에 안 걸립니다.

▪ ตลาด	딸라-ㅅ	시장
▪ ตลาดนัมแดมุน	딸라-ㅅ남대-문	남대문 시장
▪ พระราชวัง	프라라-ㅅ차왕	왕궁, 궁전
▪ พระราชวังคยองบกกุง	프라라-ㅅ차왕 켜-ㅇ복꿍	경복궁
▪ สาย	싸-이	선, 줄
▪ เพียง	피-양	단지, 겨우

2. ฉันจะนั่งรถเมล์ไปสถานีรถไฟ

버스를 타고 기차역에 가야겠습니다.

탈것에 **타다** 라는 표현에는 다음과 같은 것들이 있다.

ขี่
키-

말을 몰거나 타다,
오토바이, 자전거 등을 타다,
운전하다

- **ขี่ม้า** 말을 타다
  키- 마-
- **ขี่จักรยาน** 자전거를 타다
  키- 짝끄라야-ㄴ
- **ขี่มอเตอร์ไซค์** 오토바이를 타다
  키- 머-떠-싸이

ขึ้น
큰

타다, 오르다

- **ขึ้นรถ** 차에 오르다, 차에 타다
  큰 롯
- **ขึ้นรถไฟไป** 기차를 타고 가다
  큰 롯파이 빠이

นั่ง
낭

타다

- **นั่งเครื่องบินครั้งแรก**
  낭 크르-엉빈 크랑 래-ㄱ
  처음 비행기를 타보다
- **นั่งรถไฟจากโซลไปเที่ยวปูซาน**
  낭 롯파이 짜-ㄱ 쏘-ㄴ 빠이 티-여우 뿌-싸-ㄴ
  서울에서 기차를 타고 부산에 놀러가다
- **นั่งเรือ** 배를 타다
  낭 르-아

ลง 내리다, 배에 타다
롱

- **ลงเรือที่เวนิส** 베니스에서 배를 타다
  롱 르-아 티- 웨-닛

- **เครื่องบินลงที่ท่าอากาศยานสุวรรณภูมิ**
  크르-엉빈 롱 티- 타- 아-까-ㅅ 싸야-ㄴ 쑤완나푸-ㅁ

  비행기가 수완나품 공항에 내리다

ต่อรถ 갈아타다
떠- 롯

- **ต่อรถไฟใต้ดินสาย 9** 9호선 지하철로 갈아타다
  떠- 롯퐈이따이딘 싸-이 까오

- **นั่งรถไฟไปสถานีโซลแล้วต่อรถไฟใต้ดินสาย 4**
  낭 롯퐈이 빠이 싸타-니- 쏘-ㄴ 래-우 떠- 롯퐈이따이딘 싸-이 씨-

  기차를 타고 서울역에 가서 4호선 지하철로 갈아탑니다.

- ครั้ง 크랑 시기, 차(次), 회(回), 번(番)
- แรก 래-ㄱ 처음, 최초의
- ครั้งแรก 크랑 래-ㄱ 첫번째, 1회차
- เวนิส 웨-닛 이탈리아의 도시 베니스
- ท่าอากาศยาน 타- 아-까-ㅅ 싸야-ㄴ 공항 **สนามบิน**
- สุวรรณภูมิ 쑤완나푸-ㅁ 방콕 수완나품 공항
- ต่อรถไฟใต้ดิน 떠- 롯퐈이따이딘 지하철을 갈아타다
- ต่อรถไฟฟ้า 떠- 롯퐈이퐈- 지상철을 갈아타다

태국에서 통하는 회화 따라하기

01 소요 시간 묻기

ใช้เวลานานเท่าไหร่ครับ

차이 웰-라- 나-ㄴ 타오라이 크랍

시간이 얼마나 걸립니까?

ใช้เวลาประมาณ 1 ชั่วโมง 2 นาทีค่ะ

차이 웰-라- 쁘라 마-ㄴ 능 추어 모-ㅇ 써-ㅇ 나-티- 카

약 1시간 2분 걸립니다.

ใช้เวลานานเท่าไรจากโรงเรียนไปถึงพิพิธภัณฑ์ครับ

차이 웰- 라- 나-ㄴ 타오 라이 짜-ㄱ 로-ㅇ 리-얀 빠이트-ㅇ 피피타판 크랍

학교에서 박물관까지 시간이 얼마나 걸립니까?

นั่งรถไฟใต้ดินใช้เวลาประมาณ 18 นาทีค่ะ

낭 롯 퐈이 따이 딘 차이 웰- 라- 쁘라 마-ㄴ 씹 빼-ㅅ 나-티- 카

지하철을 타면 18분 정도 걸립니다.

ใช้เวลานานเท่าไรจากสนามบินไปโรงแรมครับ

차이 웰-라- 나-ㄴ 타오 라이 짜-ㄱ 싸 나-ㅁ 빈 빠이 로-ㅇ 래-ㅁ 크랍

공항에서 호텔까지 시간이 얼마나 걸립니까?

นั่งรถบัสสาย 6011 ใช้เวลาเพียง 46 นาทีค่ะ

낭 롯 밧 싸-이 혹 판씹 엣 차이 웰-라- 피-양 씨-씹 혹 나-티-카

6011번 버스를 타면 46분 밖에 안 걸립니다.

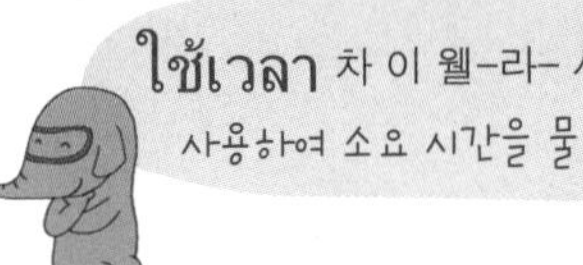

ใช้เวลา 차 이 웰-라- 시간이 걸리다 라는 표현을 사용하여 소요 시간을 물어보고 대답할 수 있어.

태국의 교통수단

공항에서 방콕은 어떻게 가지?

지상철과 버스, 택시, 오토바이 택시, 뚝뚝, 보트, 썽태우, 롯뚜가 있다던데?

지상철(BTS)과 지하철(MRT) 방콕 동서남북을 이어주는 지상철은 싸얌 라인과 씰롬 라인, 총 2개 라인이 있어. 지하철은 방콕 시내 18개 역을 통과해. 지상철은 계속해서 노선 연장중이야. 지상철 역과 지하철 역이 교차하는 일부 역에서 유료 환승이 가능하며, 공항으로 향하는 공항철도 노선인 에어포트 링크(ARL)도 개통되었어.

버스 에어컨 노선과 에어컨이 없는 노선이 있으며, 에어컨이 없는 노선의 경우에는 요금이 무료로 제공되는 경우도 있어. 버스에 탑승하면 안내원이 목적지를 물은 후 요금을 받고 표를 주는 방식이며, 별도의 영어 방송이 있지 않아 외국인이 타기는 힘들어. 최근 BRT 라는 전용 노선이 있는 버스가 일부 지역에서 운행하기 시작하여 방콕 시민들의 출퇴근 시간을 줄여주고 있어.

택시 방콕의 택시는 노란색, 보라색, 핑크색, 연두색 등 형형색색인 것이 특징이며 기본 요금은 35 밧이야. 푸켓, 치앙마이 등 외국인들이 많이 찾는 휴양지에는 택시가 운행되나 그 외 지역에서는 택시를 찾기 힘들어.

오토바이 택시 교통 체증이 심한 방콕이나 대중교통이 마땅치 않은 지방의 경우 서민들의 교통수단으로 오토바이 택시가 애용돼.

뚝뚝 오토바이를 개조하여 여러 명이 앉을 수 있게 만든 택시로 주로 단거리 이동 시 혹은 짐이 많을 때 탑승해. 관광지에서 외국인 여행객을 상대로 한 뚝뚝을 많이 찾아볼 수 있어.

보트 짜오 프라야 강 수상택시, 쌘쌥 운하 보트 등 강이나 운하를 가로지는 배도 서민들의 교통 수단이야.

썽태우 버스, 지하철 또는 택시가 없는 방콕 외 지역에서 널리 이용되는 트럭을 개조한 작은 버스야. 일정한 노선을 지나는 트럭을 타거나 기사에게 원하는 노선을 말한 후 트럭 양옆으로 놓여진 의자에 앉아 내릴 곳이 다가오면 천장에 있는 벨을 누르고 하차할 수 있어.

롯뚜 방콕 내 이동 시 또는 도시 간 이동 시 탑승하는 밴이야. 보통 도시 간 이동이 단거리일 경우 롯뚜로 이동하며 장거리일 경우 대형버스나 기차, 비행기로 이동해.

하^이 리-́여우 콰ˇ- 래́ 드-ㄴ 뜨-롱 빠-이

ให้เลี้ยวขวาและเดินตรงไป ข้างหน้าประมาณ20 นาที

카^-ㅇ 나^- 쁘`라 마-ㄴ 이^-씹 나-티-

우회전하여 약 20분 정도 직진해 걸어가십시오.

성민(ซองมิน)

ขอโทษครับ ไปสยามพารากอนอย่างไรครับ

커ˇ- 토^ㅅ 크́랍 빠-이 싸ˇ 야-ㅁ 파-라-꺼-ㄴ 야`-ㅇ 라-이 크́랍

폰(ฝน)

ให้เลี้ยวขวา

하^이 리-́여우 콰ˇ-

และเดินตรงไปข้างหน้าประมาณ 20 นาทีค่ะ

래́ 드-ㄴ 뜨-롱 빠-이 카^-ㅇ 나^- 쁘`라 마-ㄴ 이^-씹 나-티- 카^

รถไฟฟ้าผ่านแถวนี้หรือเปล่าครับ

롯́ 파-이 파́- 파`-ㄴ 태ˇ-우 니́- 르ˇ- 쁠라`-오 크́랍

รถไฟฟ้าผ่านแถวนี้แต่ยังไม่เปิดให้บริการค่ะ

롯́ 파-이 파́- 파`-ㄴ 태ˇ-우 니́- 때`- 양- 마^이 쁘`-ㄷ 하^이 버리 까-ㄴ 카^

รถไฟฟ้าเปิดให้บริการตั้งแต่เวลา

롯́ 파-이 파́- 쁘`-ㄷ 하^이 버`리́ 까-ㄴ 땅^ 때`- 웰-라-

06.00 - 24.00 น. ค่ะ

혹` 나-리까- 트ˇ-ㅇ 이^-씹씨`- 나-리까- 카^

ขอบคุณครับ คุณใจดีมากครับ

커`-ㅂ 쿤 크́랍 쿤 짜-이디- 마^-ㄱ 크́랍

성민이 폰에게 길을 묻고 있다.

성민 실례합니다. 싸얌 파라곤까지 어떻게 갑니까?

폰 우회전하여 약 20분 정도 직진해 걸어가십시오.

성민 지상철이 이 쪽을 지나가지 않습니까?

폰 지상철이 이 쪽을 지나가지만 아직 운행을 시작하지 않았습니다.
지상철은 6시부터 24시까지 운행을 합니다.

성민 감사합니다. 당신은 참 친절하시군요.

단어

TRACK 74

- สยามพารากอน 싸야-ㅁ 파-라-꺼-ㄴ 방콕 싸얌에 위치한 백화점 싸얌파라곤
- ให้ 하이 ~하게, ~하게 하다
- ขวา 콰- 오른쪽의, 우측의
- ตรงไป 뜨롱빠이 직진하다, 똑바로 걷다
- หน้า 나- 앞, 얼굴, 표면, 페이지
- ผ่าน 파-ㄴ 지나다, 통과하다
- ยัง 양 수식사 아직, 동사 존재하다, 전치사 ~에 , ~까지, 계속
- เปิด 쁘-ㄷ 열다
- ตั้งแต่ 땅때- 시간, 장소 ~부터
- เลี้ยว 리-여우 돌다, 회전하다
- เดิน 드-ㄴ 걷다
- ข้าง 카-ㅇ 방향, 방면
- ข้างหน้า 카-ㅇ 나- 앞
- แถวนี้ 태-우니- 이 근처에
- บริการ 버리까-ㄴ 서비스, 서비스하다
  버를 1성으로 읽어도 되고, 평성으로 읽어도 된다.
- ใจดี 짜이디- 친절하다

아주 쉬운 해설

I. ให้เลี้ยวขวา และเดินตรงไปข้างหน้าประมาณ 20 นาที

우회전하여 약 20분 정도 직진해 걸어가십시오.

1 위치와 방향

TRACK 75

ข้าง 카-ㅇ
ทาง 타-ㅇ
ทิศ 팃
방향, 방면

ข้างหน้า
카-ㅇ 나-
앞

ข้างหลัง
카-ㅇ 랑
뒤

ข้างบน
카-ㅇ 본
위쪽

ข้างล่าง
카-ㅇ 라-ㅇ
아래쪽

ทางนั้น
타-ㅇ 난
저쪽

ทางนี้
타-ㅇ 니-
이쪽

ข้างซ้าย
카-ㅇ 싸-이
왼쪽

ข้างขวา
카-ㅇ 콰-
오른쪽

ทิศตะวันตก
팃따완똑
서쪽

ทิศเหนือ
팃느-어
북쪽

ทิศใต้
팃따이
남쪽

ทิศตะวันออก
팃따완어-ㄱ
동쪽

TRACK 75
ข้าม
카–ㅁ
건너다
เลี้ยวขวา
리–여우 콰–
우회전하다
เลี้ยวซ้าย
리–여우 싸–이
좌회전하다
ตรงไปข้างหน้า
뜨롱빠이 카–ㅇ 나–
앞으로 직진하다

2 방향 안내하기

- ให้เลี้ยวขวา และเดินตรงไปข้างหน้าประมาณ
  하이 리-여우 콰- 래 드-ㄴ 뜨롱빠이 카-ㅇ나- 쁘라마-ㄴ

  20 นาที
  이-씹 나-티-

  우회전하여 20분 정도 직진해 걸어가십시오.

- ให้เลี้ยวซ้าย และเดินตรงไปข้างหน้าประมาณ 5 นาที
  하이 리-여우 싸-이 래 드-ㄴ 뜨롱빠이 카-ㅇ나- 쁘라마-ㄴ 하- 나-티-

  좌회전하여 5분 정도 직진하십시오.

- ให้เลี้ยวขวา และข้ามสะพาน
  하이 리-여우 콰- 래 카-ㅁ 싸파-ㄴ

  우회전하여 다리를 건너십시오.

- เดินตรงไปข้างหน้า 9 นาที
  드-ㄴ 뜨롱빠이 카-ㅇ 나- 까오 나-티-

  และข้ามถนนหน้าโรงพยาบาล
  래 카-ㅁ 타논 나- 롱파야-바-ㄴ

  9분 간 직진 후 병원 앞에서 길을 건너십시오.

2. รถไฟฟ้าผ่านแถวนี้แต่ยังไม่เปิดให้บริการ

지상철이 이 쪽을 지나가지만 아직 운행을 시작하지 않았습니다.

ยัง 양 은 다양한 의미로 사용되는데 가장 많이 사용되는 경우는 다음과 같다. **수식사**로 사용될 때는 **아직**, **전치사**로는 **~에**, **~까지**, **계속**이라는 의미로 사용된다.

- 수식사 — 양 ยัง 아직
- 전치사 — 양 ยัง ~에, ~까지, 계속

ยังไม่กินข้าว 양 마이 낀 카-우	아직 밥을 안 먹었다
ยังกินข้าวอยู่ 양 낀 카-우 유-	아직 밥을 먹고 있다
กินข้าวหรือยัง 낀 카-우 르- 양	식사 하셨습니까?
ยังไม่ไป 양 마이 빠이	아직 가지 않았다
ไปยังเมืองไทย 빠이 양 므-엉 타이	태국으로 가다
ยังไม่ดื่มเหล้า 양 마이 드-ㅁ 라-오	아직 술을 마시지 않았다
ยังดื่มเหล้าอยู่ 양 드-ㅁ 라-오 유-	아직 술을 마시고 있다
ไปยังดื่มเหล้า 빠이 양 드-ㅁ 라-오	술을 마시러 가다

3. คุณใจดีมาก 당신은 참 친절하시군요.

1 성격 묘사하기

นิสัย	니싸이	성격
นิสัยดี	니싸이 디-	성격이 좋다
นิสัยไม่ดี	니싸이 마이디-	성격이 좋지 않다
ใจ	짜이	마음, 심성, 심장
ใจดี	짜이 디-	친절하다
ใจร้าย	짜이 라-이	사악하다, 독하다
ใจชั่ว	짜이 추어	악하다, 마음이 나쁘다
ใจกว้าง	짜이 꽈-ㅇ	마음이 넓다
ใจแคบ	짜이 캐-ㅂ	마음이 좁다
ใจน้อย	짜이 너-이	소심하다, 옹졸하다
ใจแข็ง	짜이 캥	완고하다, 완강하다
ใจร้อน / ใจเร็ว	짜이 러-ㄴ / 짜이 레우	성급하다
ใจเย็น	짜이 옌	냉정하다, 침착하다
ใจง่าย	짜이 응-아이	귀가 얇다, 쉽게 믿다, 쉽게 마음을 주다
ใจดำ	짜이 담	이기적이다
ใจสูง	짜이 쑤-ㅇ	고상하다, 고매하다
ใจอ่อน	짜이 어-ㄴ	온순하다, 동정심이 많다

- **คุณใจกว้าง** 당신은 마음이 넓으시군요.
  쿤 짜이 꽈-ㅇ

- **คุณใจร้อนมาก** 당신은 매우 성급한 성격이시군요.
  쿤 짜이 러-ㄴ 마-ㄱ

- **เขาใจดีมาก** 그는 매우 친절합니다.
  카오 짜이 디- 마-ㄱ

- **น้องชายของฉันใจเย็น** 제 남동생은 침착한 성격입니다.
  너-ㅇ 차-이 커-ㅇ 찬 짜이옌

- **เพื่อนของคุณนิสัยไม่ดี** 당신의 친구는 성격이 좋지 않습니다.
  프-언 커-ㅇ 쿤 니싸이 마이 디-

- **ผมชอบคุณ เพราะคุณนิสัยดี**
  폼 처-ㅂ 쿤 프러 쿤 니싸이 디-
  저는 당신이 좋습니다. 왜냐하면 당신의 성격이 좋기 때문입니다.

2 사람 묘사하기

~하기 좋아하다, ~쟁이, ~뱅이라는 의미의 **ขี้** 키-를 사용하여 각각의 성격이나 성향 등을 묘사할 수 있다. 이 때, **ขี้** 키- + 동사의 형식으로 표현한다.

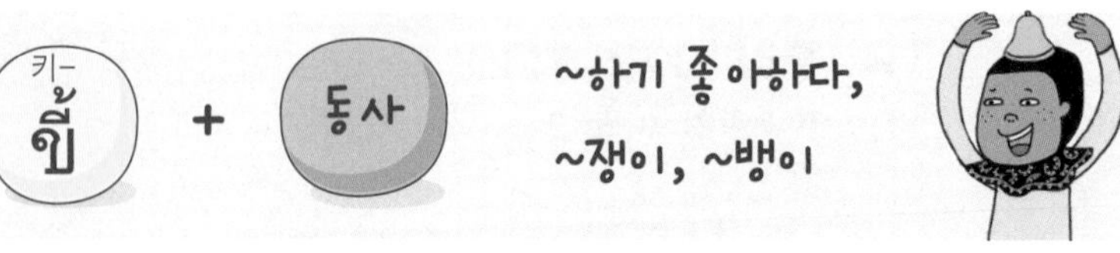

ขี้ 키-				
	+ ร้อน 러-ㄴ	덥다	···▸ ขี้ร้อน 키- 러-ㄴ	더위를 몹시 타다, 땀을 많이 흘리다
	+ หนาว 나-우	춥다	···▸ ขี้หนาว 키- 나-우	추위를 몹시 타다
	+ กลัว 끌루어	무서워하다	···▸ ขี้กลัว 키- 끌루어	겁이 많다
	+ อาย 아-이	부끄럽다, 수줍다	···▸ ขี้อาย 키- 아-이	부끄럼을 잘 타다
	+ อิจฉา 잇차-	시기하다, 탐내다	···▸ ขี้อิจฉา 키- 잇차-	질투심이 많다
	+ สงสาร 쏭싸-ㄴ	불쌍히 여기다	···▸ ขี้สงสาร 키- 쏭싸-ㄴ	동정심이 많다
	+ เล่น 레-ㄴ	놀다	···▸ ขี้เล่น 키- 레-ㄴ	놀기 좋아하다, 장난꾸러기
	+ เมา 마오	술에 취하다	···▸ ขี้เมา 키- 마오	술에 취하다, 술주정뱅이
	+ เหนียว 니여-우	인색하다	···▸ ขี้เหนียว 키- 니여-우	인색하다, 구두쇠

- ผมเป็นคนขี้ร้อนครับ 저는 더위를 몹시 탑니다.
  폼 뻰 콘 키- 러-ㄴ 크랍

- ฉันเป็นคนขี้อายค่ะ 저는 부끄럼을 잘 탑니다.
  찬 뻰 콘 키- 아-이 카

- รุ่นน้องของฉันเป็นคนขี้เมาค่ะ 제 후배는 술에 잘 취합니다.
  룬 너-ㅇ 커-ㅇ 찬 뻰 콘 키- 마오 카

- คุณแม่ของฉันเป็นคนขี้หนาว 제 어머니는 추위를 몹시 탑니다.
  쿤매- 커-ㅇ 찬 뻰 콘 키- 나-우

- น้องสาวของผมเป็นคนขี้กลัว 제 동생은 겁이 많습니다.
  너-ㅇ싸-우 커-ㅇ 폼 뻰 콘 키- 끌루어

- แฟนของผมเป็นคนขี้อิจฉา 제 애인은 질투심이 많습니다.
  퐤-ㄴ 커-ㅇ 폼 뻰 콘 키- 잇차-

태국에서 통하는 회화 따라하기

01 길 묻고 답하기

ขอโทษครับ ไปสยามพารากอนอย่างไรครับ
커ˇ- 토^-ㅅ 크'랍 빠-이 싸ˇ야ˇ-ㅁ 파- 라- 꺼-ㄴ 야`-ㅇ 라-이 크'랍
실례합니다. 싸얌 파라곤까지 어떻게 갑니까?

ให้เลี้ยวขวา และเดินตรงไปข้างหน้าประมาณ 20 นาทีค่ะ
하^이 리'-여우 콰ˇ- 래' 드-ㄴ 뜨-롱 빠-이 카^-ㅇ 나^- 쁘`라 마-ㄴ 이^-씹` 나-티- 카^
우회전하여 20분 정도 직진하십시오.

ขอโทษครับ ไปพระราชวังอย่างไรครับ
커ˇ- 토^-ㅅ 크'랍 빠-이 프'라 라^-ㅅ차 왕 야`-ㅇ 라-이 크'랍
실례합니다. 왕궁까지 어떻게 갑니까?

ให้เลี้ยวซ้ายและเดินตรงไปข้างหน้าประมาณ 5 นาที
하^이 리'-여우 싸'-이 래' 드-ㄴ뜨-롱 빠-이 카^-ㅇ 나^- 쁘`라 마-ㄴ 하^- 나-티-
좌회전 하여 5분 정도 직진하십시오.

좌회전은 เลี้ยวขวา 리-여우 콰-,
우회전은 เลี้ยวซ้าย 리-여우 싸-이 임을 잘 기억해둬.
택시를 탈 때 유용하게 쓰이는 표현이야.

ขอโทษครับ ไปวัดอรุณฯอย่างไรครับ
커- 토-ㅅ 크랍 빠이 왓 아 룬 야-ㅇ 라이 크랍
실례합니다. 새벽사원까지 어떻게 갑니까?

ให้เลี้ยวขวา และข้ามถนนหน้าตลาด
하이 리-여우 콰- 래 카-ㅁ 타 논 나- 딸 라-ㅅ
우회전 하여 시장 앞에서 길을 건너십시오.

ขอโทษครับ ไปสถานีรถไฟหัวลำโพงอย่างไรครับ
커- 토-ㅅ 크랍 빠이 싸 타-니- 롯 퐈이 후어 람 포-ㅇ 야-ㅇ 라이 크랍
실례합니다. 후어람퐁 기차역까지 어떻게 갑니까?

เดินตรงไปข้างหน้า 9 นาที ถึงสี่แยกให้เลี้ยวขวา
드-ㄴ 뜨롱 빠이 카-ㅇ 나- 까오 나- 티- 트-ㅇ 씨-얘-ㄱ 하이 리-여우 콰-
9분 간 직진 후 사거리에서 우회전 하십시오.

- สี่แยก 씨-얘-ㄱ 사거리

완 쏭 끄 라-ㄴ 트- 뻰 테-ㅅ 싸 까-ㄴ

วันสงกรานต์ถือเป็นเทศกาล

티- 쌈 칸 마-ㄱ 커-ㅇ 타 이

ที่สำคัญมากของไทย

쏭끄란은 태국에서 매우 중요한 축제입니다.

성민(ซองมิน)

วันนี้เป็นวันสงกรานต์ใช่ไหมครับ

완 니- 뻰 완 쏭 끄라-ㄴ 차이 마이 크랍

폰(ฝน)

ค่ะ วันสงกรานต์ถือเป็นเทศกาลที่สำคัญมาก

카 완 쏭 끄라-ㄴ 트- 뻰 테-ㅅ 싸까-ㄴ 티- 쌈 칸 마-ㄱ

ของไทยค่ะ

커-ㅇ 타이 카

ในวันสงกรานต์คนไทยทำอะไรบ้างครับ

나이 완 쏭 끄라- ㄴ 콘 타이 탐 아 라이 바-ㅇ 크랍

ชาวไทยไปทำบุญและเล่นน้ำในวันสงกรานต์ค่ะ

차-우 타이 빠이 탐 분 래 레-ㄴ 남 나이 완 쏭 끄라-ㄴ 카

นอกจากวันสงกรานต์

너-ㄱ 짜-ㄱ 완 쏭 끄 라-ㄴ

มีเทศกาลที่มีชื่อเสียงของไทยอีกไหมครับ

미- 테-ㅅ싸 까-ㄴ 티- 미- 츠- 씨- 양 커-ㅇ 타이 이- ㄱ 마이 크랍

วันลอยกระทงก็เป็นวันเทศกาลสำคัญวันหนึ่ง

완 러-이 끄라 통 꺼 뻰 완 테-ㅅ싸까-ㄴ 쌈 칸 완 능

ของไทยค่ะ

커-ㅇ 타이 카

태국의 중요한 축제일인 쏭끄란 날에 성민이 폰에게 태국의 축제에 대해 묻고 있다.

성민	오늘이 쏭끄란이지요?
폰	네, 쏭끄란은 태국에서 매우 중요한 축제입니다.
성민	태국인들은 쏭끄란 때에 무엇을 합니까?
폰	태국인들은 쏭끄란 때에 공양을 하고 물놀이를 합니다.
성민	쏭끄란 외에 태국의 다른 유명한 축제가 있습니까?
폰	러이끄라통도 태국의 중요한 축제일 중 하나입니다.

단어

TRACK 78

- วันสงกรานต์ 완쏭끄라-ㄴ 태국 설이자 세계적으로 유명한 물 축제 **4월 13 ~ 15일**
- วันลอยกระทง 완러-이끄라통 바나나잎으로 만든 배에 촛불을 켜 넣고 물에 띄워 보내며 한 해를 마무리하며 다음 해의 안녕을 기원하는 태국의 대표적인 축제 **태국력 12월 보름날 밤, 즉 11월**
- ถือ 트- ~으로 보다, 간주하다
- เทศกาล 테-ㅅ싸까-ㄴ 축제, 명절
- สำคัญ 쌈칸 중요하다
- ใน 나이 ~안의, 내부의, ~중에, 가운데, ~의
- ชาว 차-우 같은 인종·직업·종교 또는 거주지역의 사람들
- ชาวไทย 차-우 타이 태국인
- ทำบุญ 탐분 선을 행하다, 공덕을 쌓다, 음식 등을 스님에게 드리다 (공양을 하다)
- เล่นน้ำ 레-ㄴ남 물놀이하다, 물장난하다 **쏭끄란 축제 때 태국인들은 서로에게 물을 뿌리며 축복하는 풍습이 있다.**
- นอกจาก 너-ㄱ짜-ㄱ ~이외에, ~을 제외하고
- มีชื่อเสียง 미-츠-씨-양 유명하다
- อีก 이-ㄱ 더, 다른, 다시
- ก็ 꺼 ~도, ~ 또한

13 아주 쉬운 해설

I. วันสงกรานต์ถือเป็นเทศกาลที่สำคัญมากของไทย 쏭끄란은 태국에서 매우 중요한 축제입니다.

1 ถือเป็น 트- 뻰 은 **~으로 보다, 간주하다**라는 의미로 해당 대상에 대한 일반적인 정보나 인식을 이야기할 때 자주 사용된다.

~으로 보다, 간주하다

- **วันสงกรานต์ถือเป็นเทศกาลที่สำคัญมากของไทย**
  완쏭끄라-ㄴ 트- 뻰 테-ㅅ 싸까-ㄴ 티- 쌈칸 마-ㄱ 커-ㅇ 타이
  쏭끄란은 태국에서 매우 중요한 축제입니다.

- **วันลอยกระทงถือเป็นเทศกาลที่สำคัญมากของไทย**
  완러-이끄라통 트- 뻰 테-ㅅ 싸까-ㄴ 티- 쌈칸 마-ㄱ 커-ㅇ 타이
  러이끄라통은 태국에서 매우 중요한 축제입니다.

- **ภาษาจีนถือเป็นภาษาที่เรียนรู้ยาก**
  파-싸-찌-ㄴ 트- 뻰 파-싸- 티- 리-얀루- 야-ㄱ
  중국어는 학습하기 어려운 언어로 알려져있습니다.

- **ภาษาอังกฤษถือเป็นภาษาที่มีคนพูดมากที่สุดในโลก**
  파-싸-앙끄릿 트- 뻰 파-싸- 티- 미- 콘 푸-ㅅ 마-ㄱ티-쏫 나이 로-ㄱ
  영어는 세계에서 사람들이 가장 많이 말하는 언어입니다.

- **คนนี้ถือเป็นคนที่อายุมากที่สุดในโลก**
  콘 니- 트- 뻰 콘 티- 아-유 마-ㄱ티-쏫 나이 로-ㄱ
  이 사람은 세계에서 가장 나이가 많은 사람입니다.

▪ เรียนรู้ 리-얀루- 배워서 알다

2 **축제/공휴일** + **ตรงกับ** 뜨롱 깝 **~이 된다** + **날짜** 의 표현을 사용하여 해당 일의 날짜를 나타낼 수 있다.

วันสงกรานต์ตรงกับวันที่เท่าไหร่

완쏭끄라-ㄴ 뜨롱 깝 완 티- 타오라이

쏭끄란은 몇일입니까?

วันสงกรานต์ตรงกับวันที่ 13~15 เมษายน

완쏭끄라-ㄴ 뜨롱 깝 완 티- 씹싸-ㅁ 트-ㅇ 씹하- 메-싸-욘

쏭끄란은 4월 13~15일입니다.

2. นอกจากวันสงกรานต์ มีเทศกาลที่มีชื่อเสียงอีกของไทยไหม

쏭끄란 외에 태국의 다른 유명한 축제가 있습니까?

다른, 더, 다시 의 의미를 가진 단어 **อีก** 이-ㄱ 을 사용하여 추가사항을 물어볼 수 있다.

다른, 더, 다시

- มีอีกไหม
  미- 이-ㄱ 마이
  더 있습니까?, 다른 것이 있습니까?
- มีกระเป๋าอีกไหม
  미- 끄라빠-오 이-ㄱ 마이
  가방이 더 있습니까?
- มีหนังสืออีกไหม
  미- 낭쓰- 이-ㄱ 마이
  다른 책이 있습니까?
- นอกจากนี้ มีอีกไหม
  너-ㄱ짜-ㄱ니- 미-이-ㄱ 마이
  이것 외에 다른 것이 또 있습니까?
- นอกจากนั้น มีอะไรอีกไหม
  너-ㄱ짜-ㄱ난 미- 아라이 이-ㄱ 마이
  그것 외에 어떤 것이 더 있습니까?

๓. วันลอยกระทงก็เป็นวันเทศกาลสำคัญวันหนึ่งของไทย

러이끄라통도 태국의 중요한 축제일 중 하나입니다.

대상 + **หนึ่ง** 능 하나 표현을 사용하여 **~중 하나** 라는 표현을 만들 수 있다.

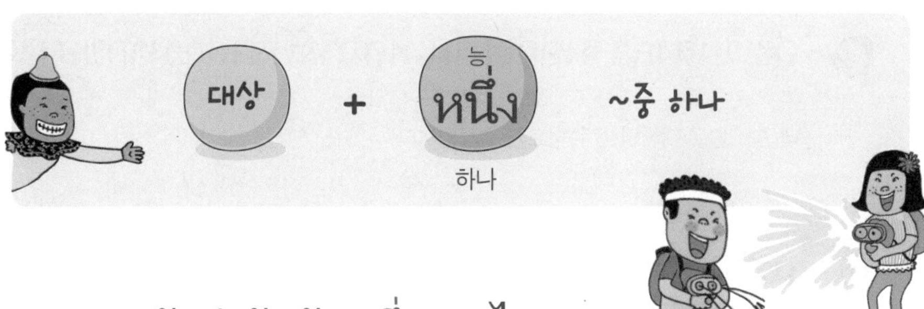

- **วันสำคัญวันหนึ่งของไทย**
  완 쌈칸 완 능 커-ㅇ 타이
  태국의 중요한 날 중 하나

- **เทศกาลที่มีชื่อเสียงอันหนึ่งของเกาหลี**
  테-ㅅ 싸까-ㄴ 티- 미-츠-씨-양 안 능 커-ㅇ 까올리-
  한국의 유명한 축제 중 하나

- **นักกีฬาที่มีชื่อเสียงมากที่สุดคนหนึ่ง**
  낙낄-라- 티- 미-츠-씨-양 마-ㄱ티-쑷 콘 능
  가장 유명한 운동선수 중 한 명

- **วันเข้าพรรษาก็เป็นวันสำคัญในพุทธศาสนาวันหนึ่ง**
  완카오판싸- 꺼 뻰 완쌈칸 나이 풋타싸-싸나- 완 능
  완카오판싸도 중요한 불교일 중 하나입니다.

▪ นักกีฬา	낙낄-라-	운동선수
▪ พุทธศาสนา	풋타싸-싸-나	불교

태국에서 통하는 회화 따라하기

01 축제 묻고 설명하기

วันนี้เป็นวันสงกรานต์ใช่ไหมครับ
완 니́- 뻰 완 쏭 끄라-ㄴ 차̂이 마̌이 크랍
오늘이 쏭끄란이지요?

ค่ะ วันสงกรานต์ถือเป็นเทศกาลที่สำคัญมากของไทย
카̂ 완 쏭 끄라-ㄴ 트̌- 뻰 테-̂ㅅ 싸̀까-ㄴ 티̂- 쌈 칸 마̂-ㄱ 커̌-ㅇ 타이
네, 쏭끄란은 태국의 매우 중요한 축제입니다.

นอกจากวันสงกรานต์
너̂-ㄱ 짜̀-ㄱ 완 쏭 끄라-ㄴ

มีเทศกาลที่สำคัญของไทยอีกไหมครับ
미-테-̂ㅅ싸̀까-ㄴ티̂- 쌈칸 커̌-ㅇ 타이 이̀-ㄱ 마̌이 크랍
쏭끄란 외에 태국의 중요한 축제는 무엇이 있습니까?

วันลอยกระทงก็เป็นวันเทศกาลสำคัญวันหนึ่งของไทยค่ะ
완 러-이 끄̀라 통 꺼̂ 뻰 완 테-̂ㅅ 싸̀까-ㄴ 쌈 칸 완 능 커̌-ㅇ 타이 카̂
러이끄라통도 태국의 중요한 축제일 중 하나입니다.

วันนี้เป็นวันลอยกระทงใช่ไหมครับ
완 니́- 뻰 완 러-이 끄̀라 통 차̂이 마̌이 크랍
오늘이 러이끄라통 날이지요?

ค่ะ วันลอยกระทงถือเป็นเทศกาลที่มีชื่อเสียงมากของไทยค่ะ
카̂ 완 러-이 끄̀라 통 트̌- 뻰 테-̂ㅅ싸̀까-ㄴ 티̂- 미-츠̂-씨̌-양 마̂-ㄱ 커̌-ㅇ 타이 카̂
네, 러이끄라통은 매우 유명한 태국 축제입니다.

นอกจากวันลอยกระทง
너-ㄱ짜-ㄱ 완러-이 끄라 통
มีเทศกาลที่มีชื่อเสียงของไทยอีกไหมครับ
미-테-ㅅ싸까-ㄴ 티-미-츠- 씨-양 커-ㅇ 타이 이-ㄱ 마이 크랍
러이끄라통 외에 태국의 유명한 축제는 무엇이 있습니까?

วันสงกรานต์ก็เป็นวันเทศกาลสำคัญวันหนึ่งของไทยค่ะ
완 쏭 끄라-ㄴ 꺼 뻰 완 테-ㅅ싸까-ㄴ 쌈 칸 완 능 커-ㅇ 타이 카
쏭끄란도 태국의 유명한 축제일 중 하나입니다.

พรุ่งนี้เป็นเทศกาลชูซอกใช่ไหมครับ
프룽 니- 뻰 테-ㅅ싸 까-ㄴ 추- 써-ㄱ 차이 마이 크랍
내일이 추석이지요?

- ชูซอก 추-써-ㄱ 추석
- ซอลลัล 써-ㄴ란 설날

ค่ะ เทศกาลชูซอกถือเป็นเทศกาลที่สำคัญของเกาหลีค่ะ
카 테-ㅅ싸까-ㄴ 추-써-ㄱ 트- 뻰 테-ㅅ싸까-ㄴ 티- 쌈칸 커-ㅇ 까올 리- 카
네, 추석은 한국의 매우 중요한 명절입니다.

นอกจากเทศกาลชูซอกมีเทศกาลที่มีสำคัญของเกาหลี
너-ㄱ 짜-ㄱ 테-ㅅ싸까-ㄴ 추-써-ㄱ 미- 테-ㅅ싸까-ㄴ티- 쌈칸 커-ㅇ 까올리-
อีกไหมครับ
이-ㄱ 마이 크랍
추석 외에 한국의 중요한 명절에는 무엇이 있습니까?

วันซอลลัลก็เป็นวันเทศกาลสำคัญวันหนึ่งของเกาหลีค่ะ
완 써-ㄴ 란 꺼 뻰 완 테-ㅅ 싸까-ㄴ 쌈 칸 완 능 커-ㅇ 까올 리- 카
설날도 한국의 중요한 명절 중 하나입니다.

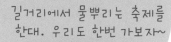

태국의 기념일

길거리에서 물뿌리는 축제를
한대. 우리도 한번 가보자~

이 날을 기다렸지~

하하하하
이건 어때?
9단 콤보
자동 발사기야!

쏭끄란 Songkran, **4월 13~15일**은 태국 새해를 기념하여 서로에게 물을 뿌리며 복을 기원하는 물 축제로 태국에서 가장 큰 축제야. 일 년 중 가장 더운 이 때에는 전국적으로 보통 1주일 정도 쉬며 고향에 가거나 길거리에 나와 처음 보는 사람에게 물을 뿌리며 즐겨. 단, 승려에게 물 뿌리는 것은 피해야 해. 쏭끄란 축제가 유명한 지역으로는 방콕의 싸남루엉과 카오산, 씰롬, 그리고 북부 지방의 쑤코타이와 치앙마이가 있어.

러이끄라통 **태국력 12월 보름날 밤**은 바나나 잎으로 만든 작은 연꽃 모양의 배 **끄라통**에 초, 향, 동전을 실어 강에 띄우며 불운과 액을 함께 흘려 보내며 한 해를 마무리하고 다음 해의 안녕을 기원하며 소원을 비는 태국의 대표적인 축제이며, 그 유래는 쑤코타이 시대로 거슬러 올라가.

완카오판싸 **음력 8월 보름으로부터 1일 후 (음력 8월 16일)**는 우기가 시작되는 시기에 스님이 수행 정진을 위해 입사하는 날로 3개월에 걸친 안거의 시작을 알리는 태국의 대표적인 불교 기념일이야.
신자들은 이 기간 동안 승려들에게 필요한 승복, 음식, 초 등을 준비하여 완카오판싸 며칠 전부터 사원에서 초를 공양해.

완앗쌀라부차
음력 8월 15일에는 석가모니의 첫 설교를 기념하여 촛불행진을 해.

왕실과 관련된 기념일에는 짝끄리 왕조가 세워진 것을 기념하는
짝끄리의 날 **4월 6일**,

씨리낏 왕비의 탄신일인
어머니의 날 **8월 12일**,

푸미폰 국왕의 탄신일인
아버지의 날 **12월 5일** 등이 있어.

열공!

일러스트로 배우는

태국어

단어장

열공!
누구나 쉽게 할 수 있는
태국어
단어장

01 집,가족 บ้าน 바^ㄴ ครอบครัว 크러^-ㅂ크루-어

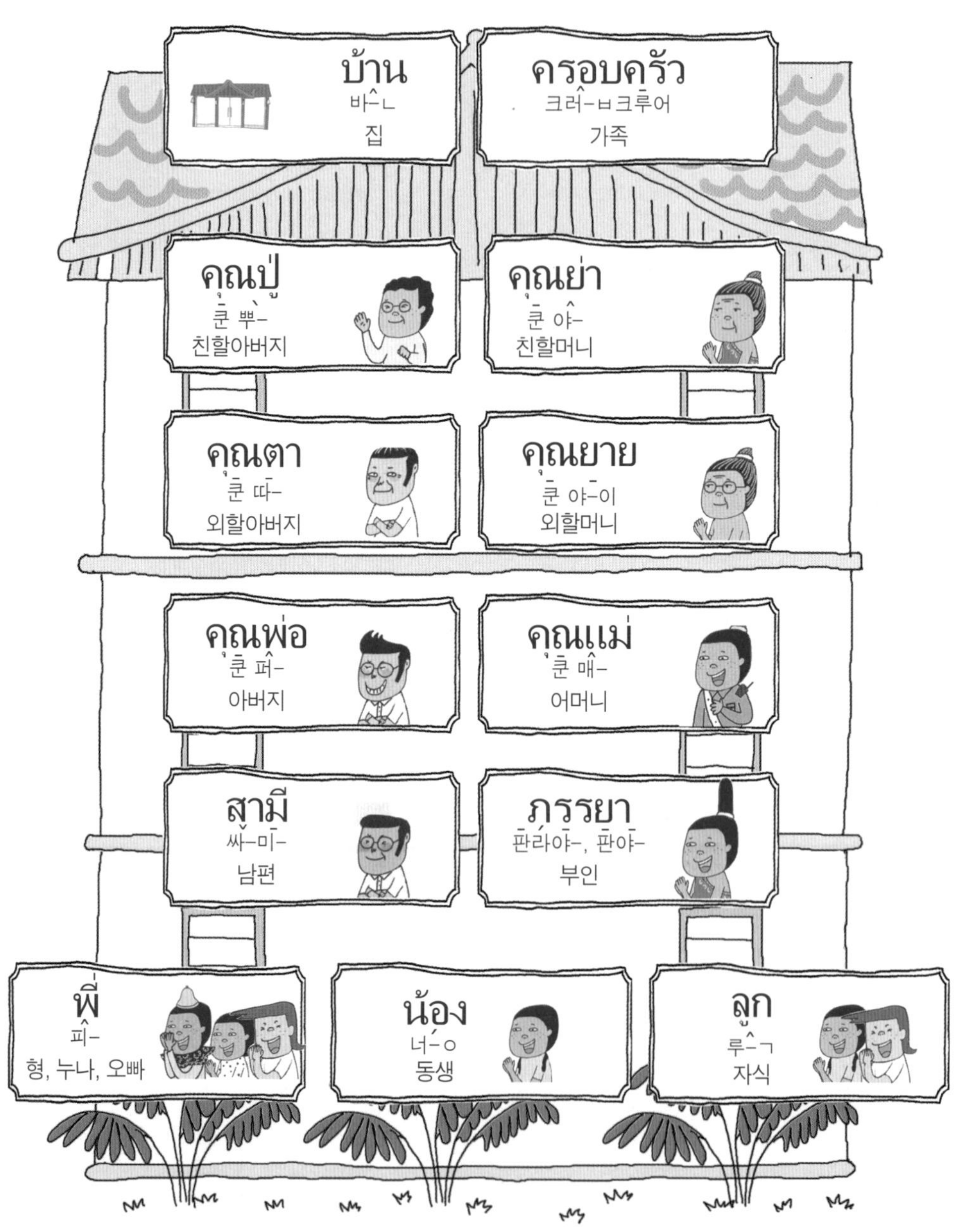

02 물건 ของ 커ˇㅇ

คอมพิวเตอร์
커-ㅁ피우떠-
컴퓨터
ปากกา
빠-ㄱ까-
펜
หนังสือ
낭쓰-
책
ดินสอ
딘써-
연필
일상 생활에 꼭 필요한 단어들이니깐 꼭 알아둬~
โทรศัพท์
토-라쌉
전화기
โทรศัพท์มือถือ
토-라쌉므-트-
휴대폰

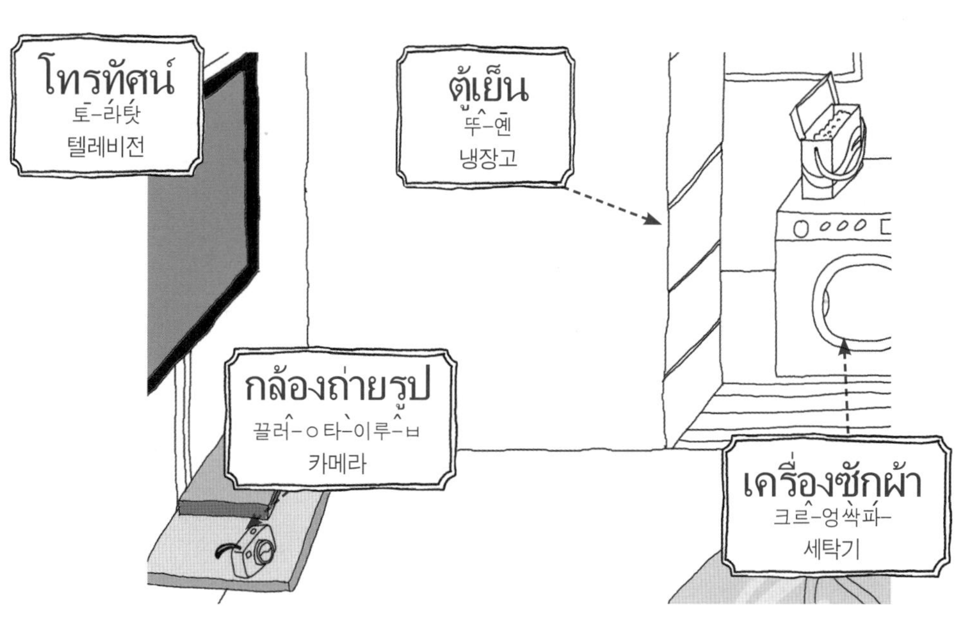
โทรทัศน์
토-라탓
텔레비전
ตู้เย็น
뚜-옌
냉장고
กล้องถ่ายรูป
끌러-ㅇ타-이루-ㅂ
카메라
เครื่องซักผ้า
크르-엉싹파-
세탁기

03 신체 ร่างกาย 라-ㅇ까-이

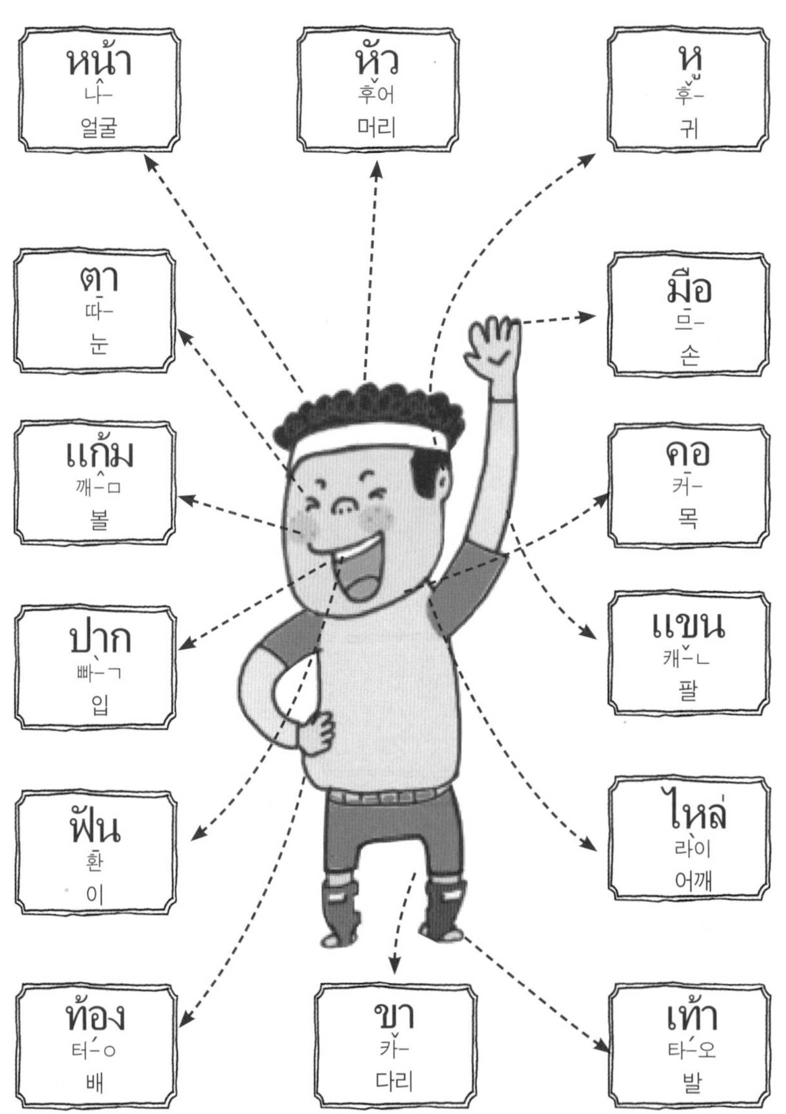

สูง
쑤ˇㅇ
키가 크다
เตี้ย
띠^야
키가 작다
넌 머리카락이
정말 많이 길구나.
비결은 야한 생각
많이 하면 돼...

ผอม
퍼ˇㅁ
마르다, 날씬하다
อ้วน
우^언
뚱뚱하다
아하하하하
배치기 재미있겠다!

04 식당 ร้านอาหาร 라-ㄴ아-하-ㄴ

สั่งอาหาร
쌍 아-하-ㄴ
음식을 주문하다

อร่อย
아러-이
맛있다

หิว
히우
배고프다

อิ่ม
임
배부르다

เช็คบิล
첵빈
계산하다

จอง
쩌-ㅇ
예약하다

05 학교 โรงเรียน 로-ㅇ 리-얀

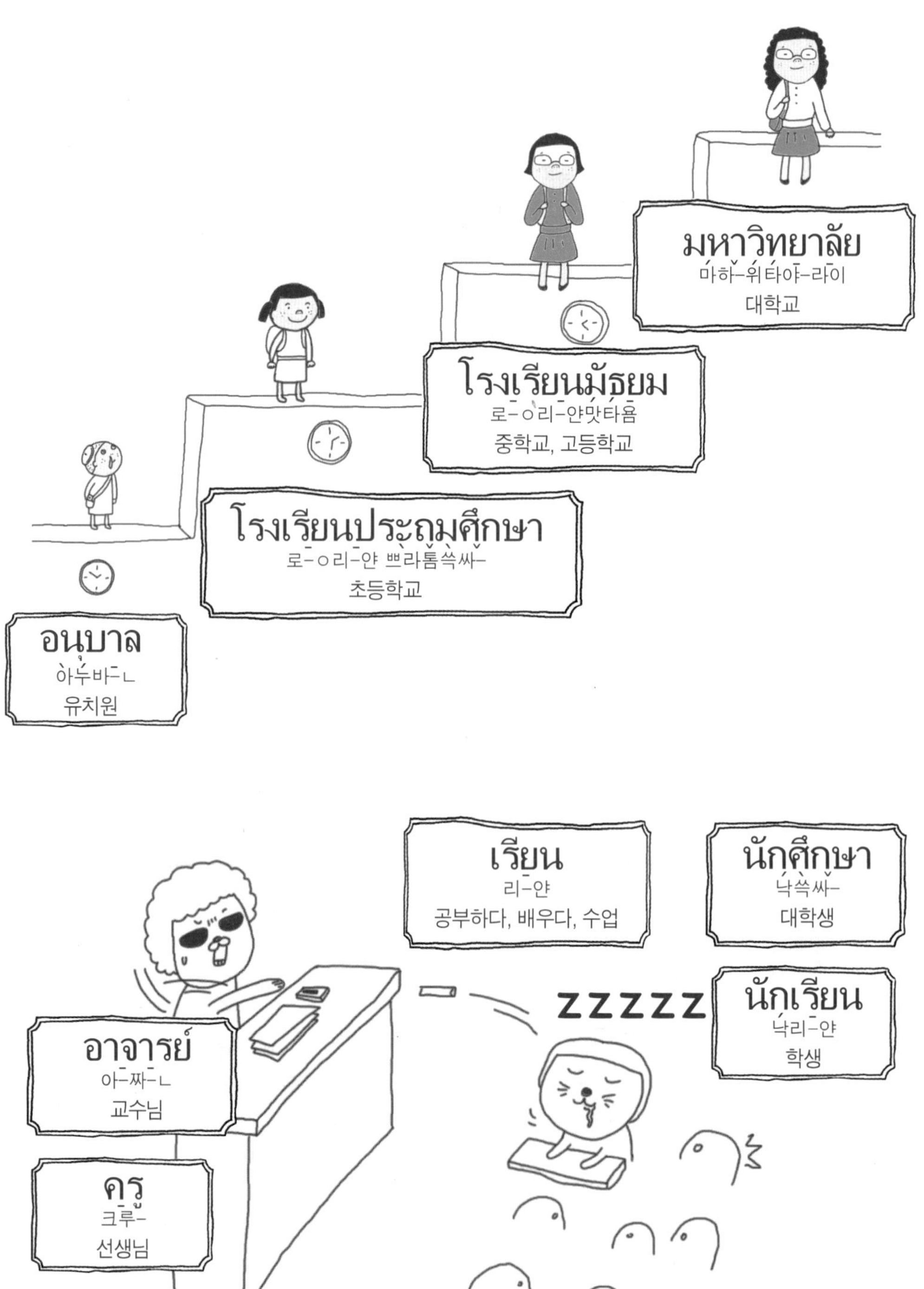

มหาวิทยาลัย
마하-위타야-라이
대학교
โรงเรียนมัธยม
로-ㅇ리-얀맛타욤
중학교, 고등학교
โรงเรียนประถมศึกษา
로-ㅇ리-얀 쁘라톰쓱싸-
초등학교
อนุบาล
아누바-ㄴ
유치원
เรียน
리-얀
공부하다, 배우다, 수업
นักศึกษา
낙쓱싸-
대학생
ZZZZZ
นักเรียน
낙리-얀
학생
อาจารย์
아-짜-ㄴ
교수님
ครู
크루-
선생님

เพื่อน
프^언
친구
การบ้าน
까-ㄴ바^ㄴ
숙제, 과제
ห้องเรียน
허^ㅇ 리-얀
교실
สอบ
써`ㅂ
시험, 시험치다

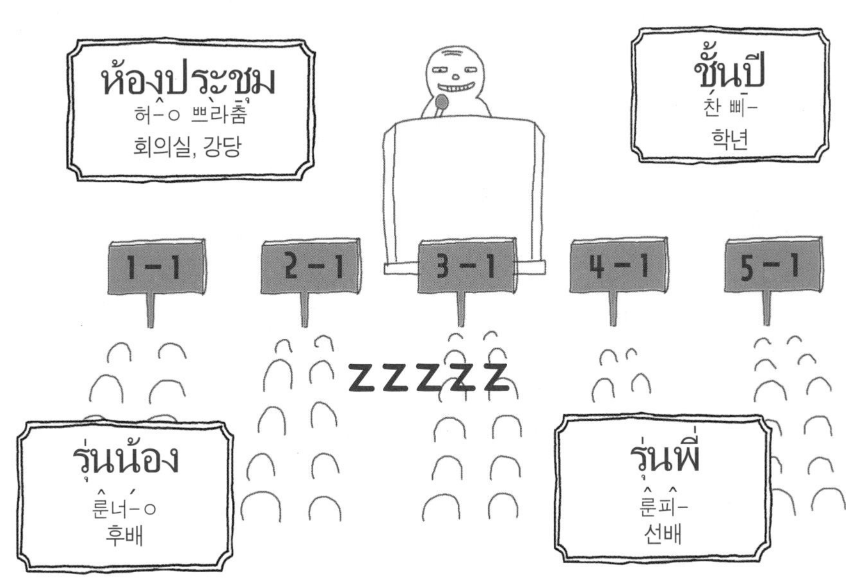

ห้องประชุม
허^ㅇ 쁘`라춤
회의실, 강당
ชั้นปี
찬 삐-
학년
1-1
2-1
3-1
4-1
5-1
zzzzz
รุ่นน้อง
룬^너´ㅇ
후배
รุ่นพี่
룬^피^-
선배

06 장소 สถานที่ 싸̀타̄ㄴ티̂-

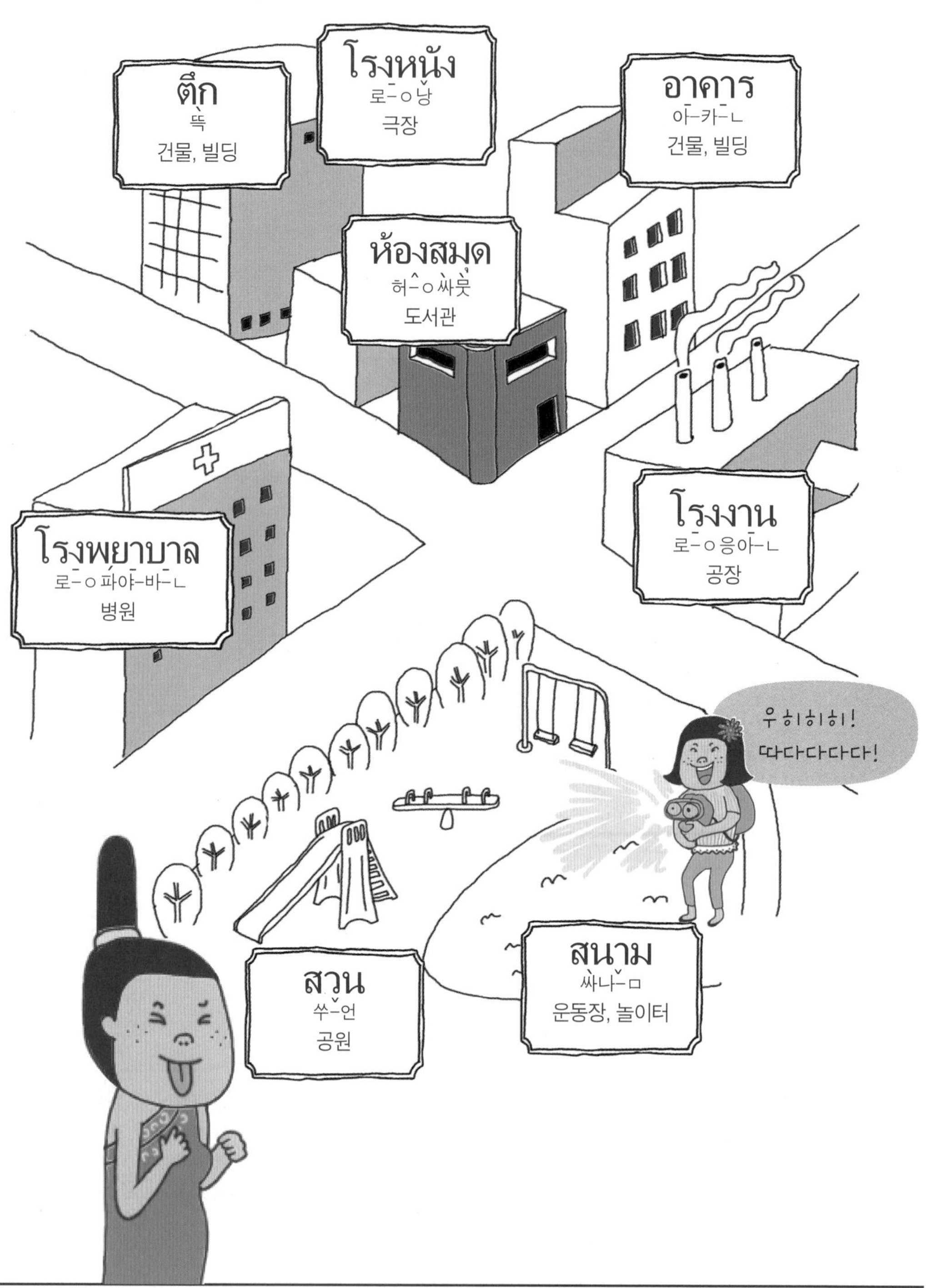

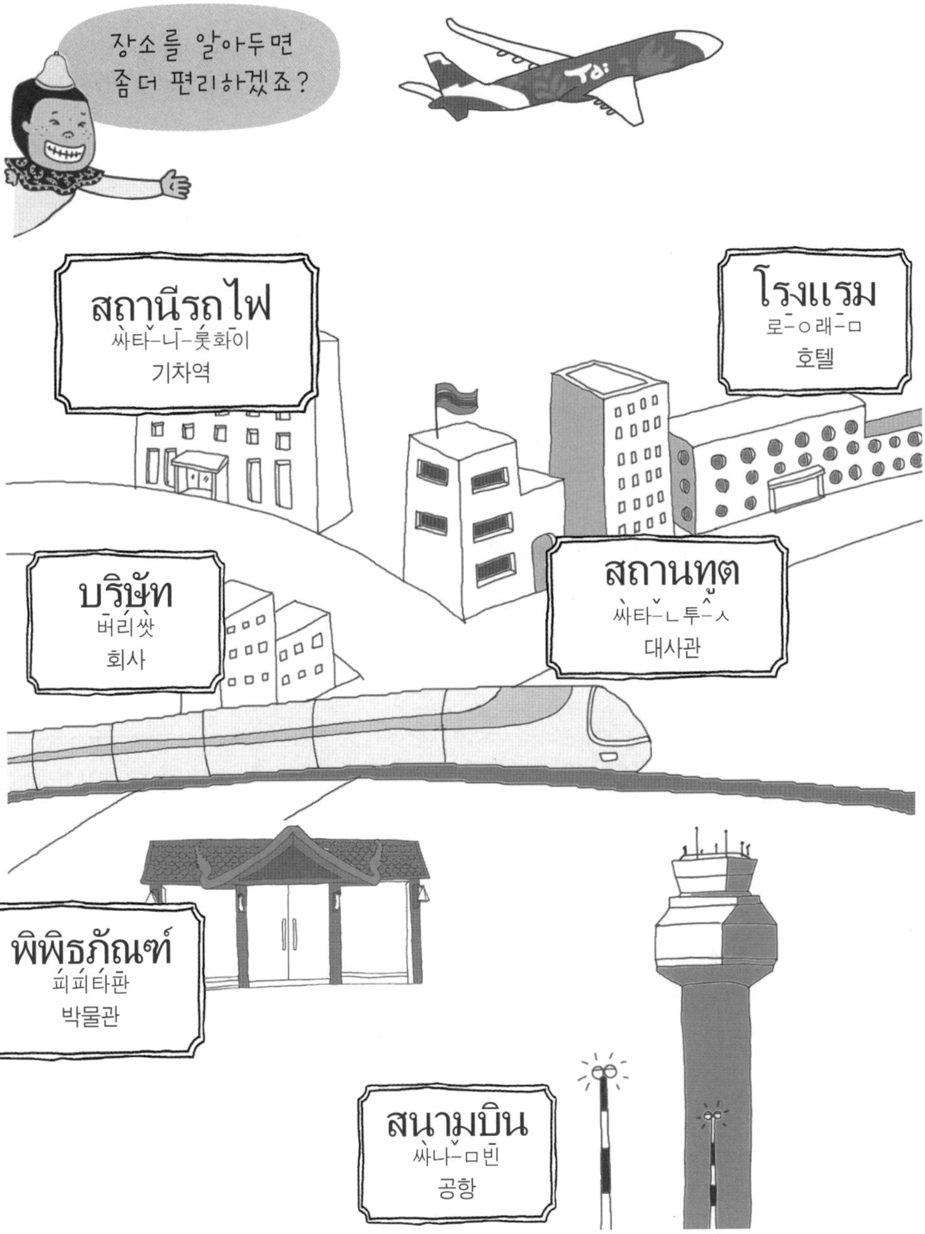

장소를 알아두면
좀더 편리하겠죠?

สถานีรถไฟ
싸타-니-롯화이
기차역

โรงแรม
로-ㅇ래-ㅁ
호텔

บริษัท
버리쌋
회사

สถานทูต
싸타-ㄴ투-ㅅ
대사관

พิพิธภัณฑ์
피피타판
박물관

สนามบิน
싸나-ㅁ빈
공항

07 교통 การจราจร 까-ㄴ짜라-쩌-ㄴ

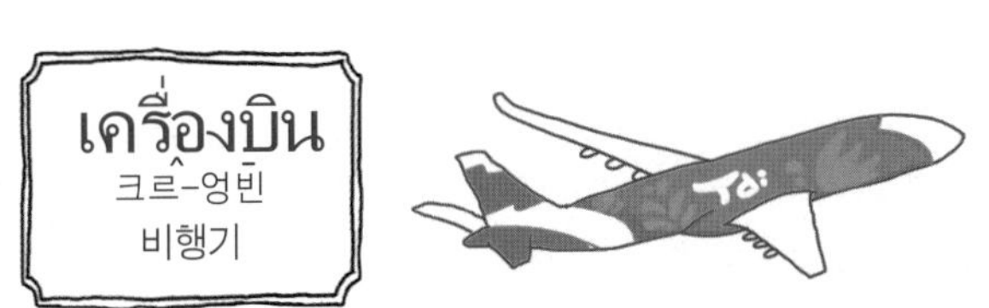

โรงแรม

เรือ
르-아
배

ท่องเที่ยว
터-ㅇ티-여우
여행가다

หนังสือเดินทาง
낭쓰-드-ㄴ타-ㅇ
여권

ตั๋ว
뚜어
표

08 국가 ประเทศ 쁘̀라테̂-ㅅ

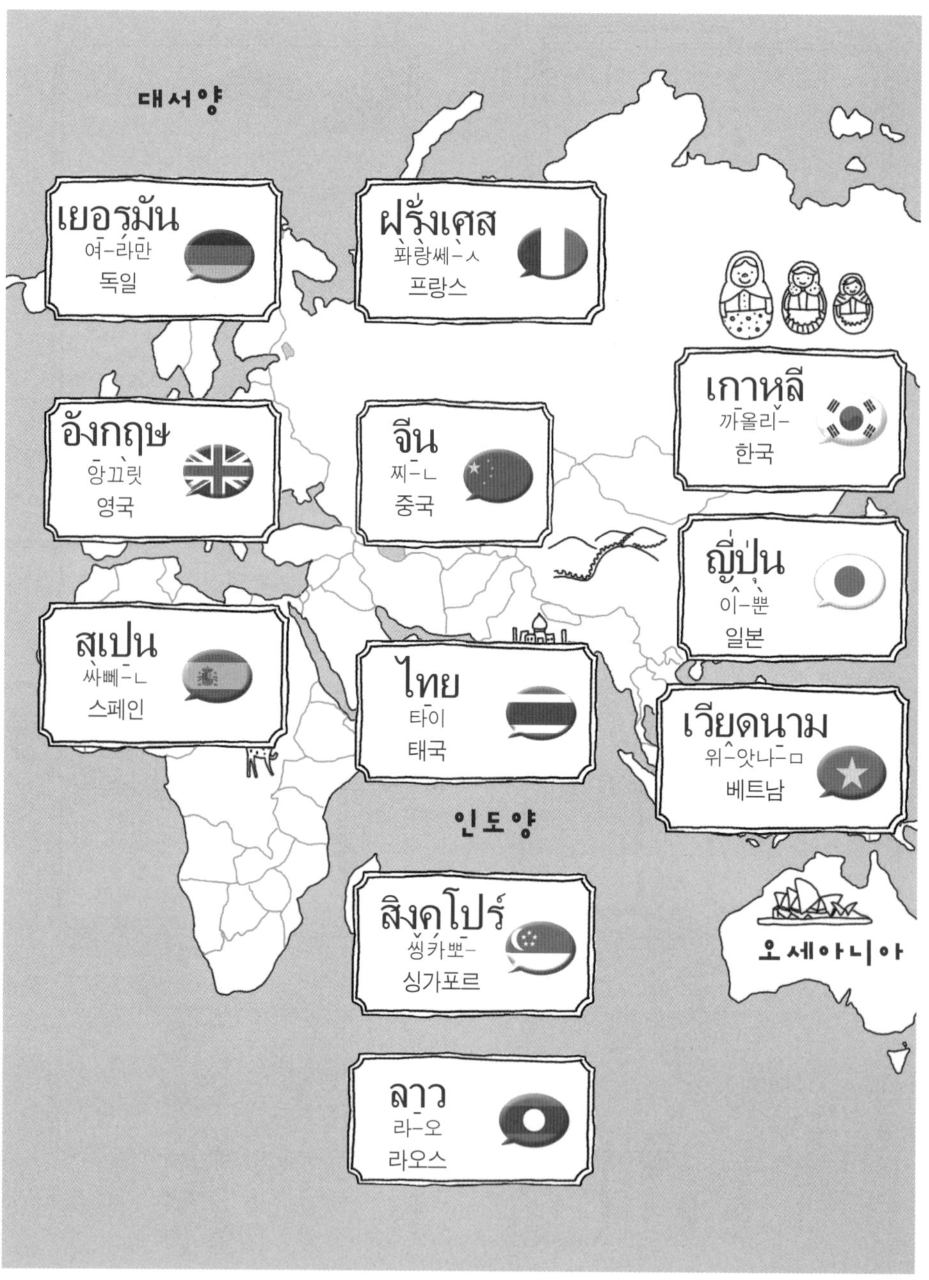

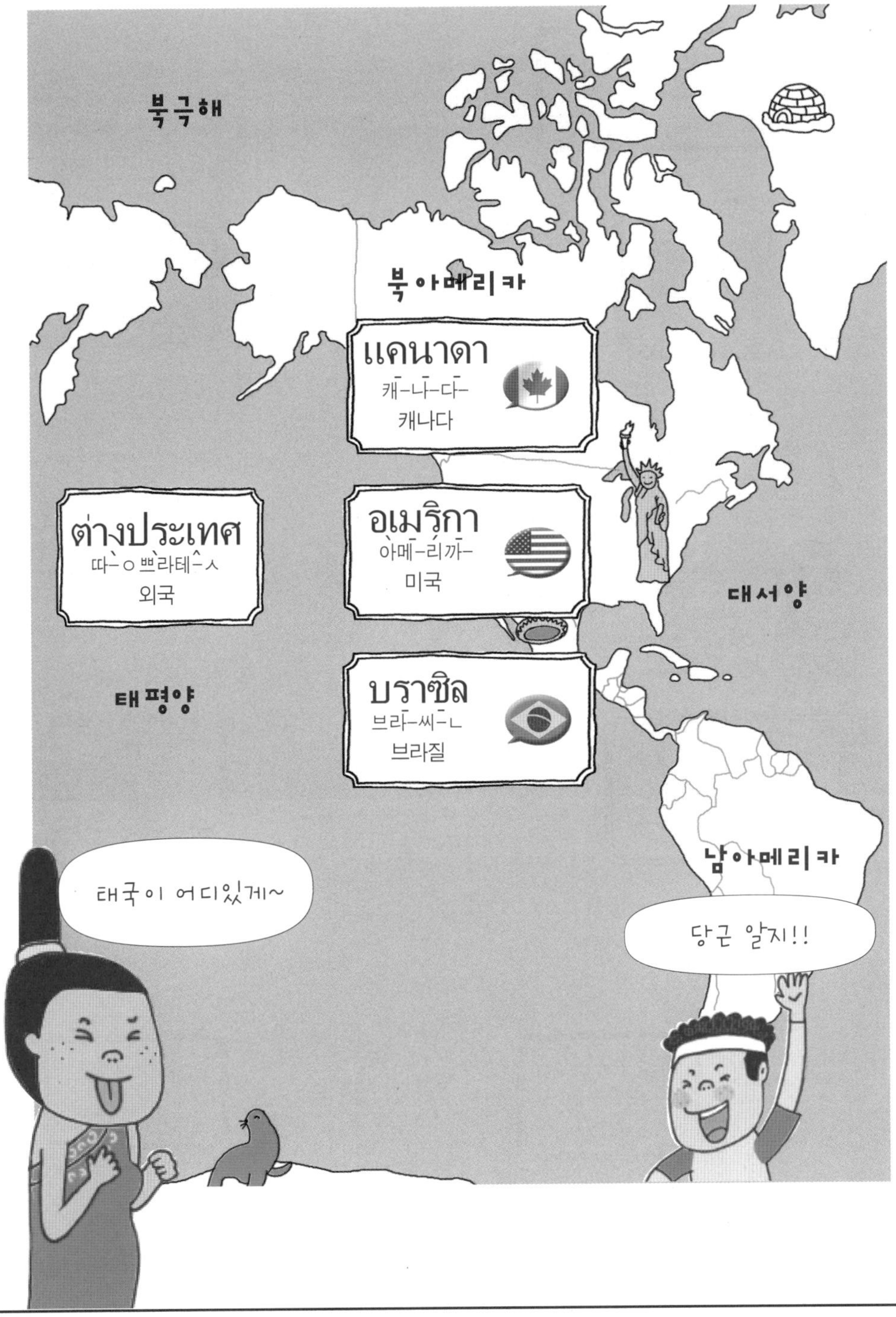

북극해

북아메리카

แคนาดา
캐–나–다–
캐나다

ต่างประเทศ
따–ㅇ쁘라테–ㅅ
외국

อเมริกา
아메–리까–
미국

대서양

บราซิล
브라–씨–ㄴ
브라질

태평양

남아메리카

태국이 어디있게~

당근 알지!!

ฤดู , หน้า
르두- 나-
계절
ฤดูใบไม้ผลิ
르두-바이마이플리
봄
อบอุ่น
옵운
따뜻하다
ฤดูร้อน
르두-러-ㄴ
หน้าร้อน
나- 러-ㄴ
여름
ร้อน
러-ㄴ
덥다
ฤดูใบไม้ร่วง
르두-바이마이루-엉
가을
เย็น
옌
시원하다
ฤดูหนาว
르두-나우
หน้าหนาว
나- 나우
겨울
หนาว
나우
춥다

ฟ้าแลบ
화́-래̂-ㅂ
번개

หน้าฝน
나̂- 폰
우기

ฟ้าร้อง
화́-러́-ㅇ
천둥

ฝน
폰̌
비

ร่ม
롬̂
우산

비오는 날
우산은 위험해!

หมอก
머̀-ㄱ
안개

10 직업 อาชีพ 아-치-ㅂ

นักร้อง	นักแสดง
낙러-ㅇ	낙싸대-ㅇ
가수	배우

นักกีฬา	นักข่าว
낙낄-라-	낙카-우
운동선수	기자

นักธุรกิจ	นักเขียน
낙투라낏	낙키-얀
사업가	작가

หมอ, แพทย์	นักออกแบบ
머-, 패-ㅅ	낙어-ㄱ배-ㅂ
의사	디자이너

นางพยาบาล	นักการเมือง
나-ㅇ파야-바-ㄴ	낙까-ㄴ므-엉
(여자) 간호사	정치인

ชาวนา
차-우나-
농부

คนขับรถ
콘캅롯
운전수

ชาวประมง
차-우쁘라몽
어부

วิศวกร
윗싸와꺼-ㄴ
엔지니어

ทนายความ
타나-이콰-ㅁ
변호사

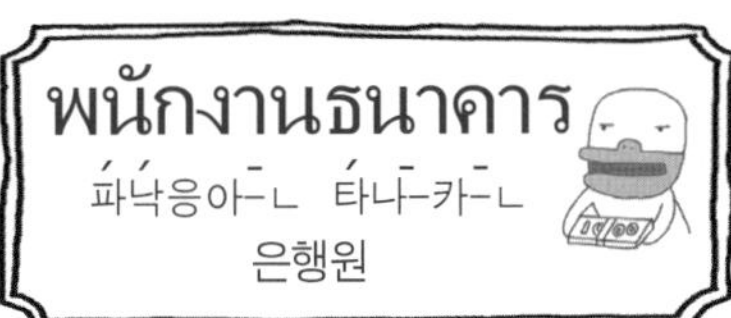
พนักงานธนาคาร
파낙응아-ㄴ 타나-카-ㄴ
은행원

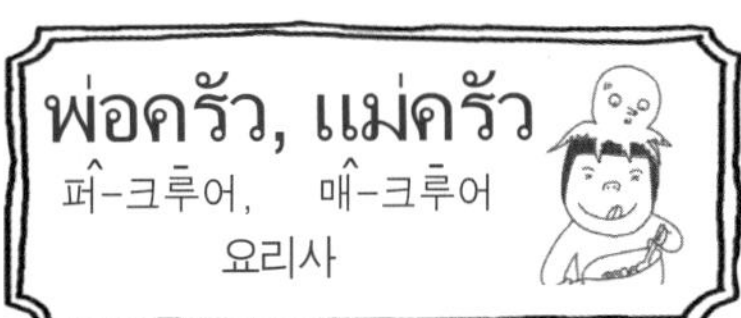
พ่อครัว, แม่ครัว
퍼-크루어, 매-크루어
요리사

ข้าราชการ
카-라-ㅅ차까-ㄴ
공무원

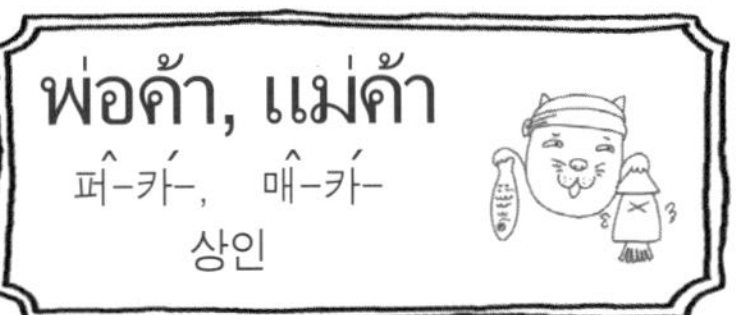
พ่อค้า, แม่ค้า
퍼-카-, 매-카-
상인

ช่างเสริมสวย
차-ㅇ쓰ㅁ쑤-어이
미용사

열공! 왕초보가 쉽게 배우는
태국어 첫걸음

저자 백지영 감수 Tatpon Sripitukkieat
4판 1쇄 2023년 3월 6일 발행인 김인숙 발행처 디지스
Editorial Director 김인숙 Cover Design 김미선
Printing 삼덕정판사

139-240
서울시 노원구 공릉동 653-5

대표전화 02-963-2456
팩시밀리 02-967-1555
출판등록 제 6-694호

ISBN 978-89-91064-40-9